世界著名自然科学家及科普知识系列丛书

JIALILÜE HE TIANWENXÜE CHANGSHI

伽利略

和

天文学常识

楚江亭 / 主编

山西出版传媒集团
山西教育出版社

图书在版编目（CIP）数据

伽利略和天文学常识／楚江亭主编. —太原：山西教育出版社，2015.7
（2022.6 重印）
（世界著名自然科学家及科普知识系列丛书）
ISBN　978-7-5440-7731-6

Ⅰ．①伽…　Ⅱ．①楚…　Ⅲ．①伽利略，G.（1564~1642）-生
平事迹-青少年读物　②天文学-青少年读物　Ⅳ．①K835.466.
1-49　②P1-49

中国版本图书馆 CIP 数据核字（2015）第 132547 号

伽利略和天文学常识

责任编辑	彭琼梅	
复　　审	杨　文	
终　　审	孙旭秋	
装帧设计	薛　菲	
特约设计	周　璇	
印装监制	蔡　洁	

出版发行　山西出版传媒集团·山西教育出版社
　　　　　（太原市水西门街馒头巷 7 号　电话：0351-4729801　邮编：030002）
印　　装　北京一鑫印务有限责任公司
开　　本　670 毫米×960 毫米　1/16
印　　张　12
字　　数　109 千字
版　　次　2015 年 7 月第 1 版　2022 年 6 月第 2 次印刷
印　　数　3 001-6 000 册
书　　号　ISBN　978-7-5440-7731-6
定　　价　39.00 元

如发现印装质量问题，影响阅读，请与印刷厂联系调换。联系电话：010-61424266

前　言

　　无论什么时候，浩瀚的大自然总是能带给人类无穷的遐想。为了揭示大自然的奥秘，无数科学家进行了不懈的探索。他们的智慧，是点亮青少年心中希望的璀璨明灯，指引着他们的脚步向科学的更高峰攀登。

　　"世界著名自然科学家及科普知识系列丛书"就是我们为青少年朋友收集的珍贵的火种。

　　这套丛书共5册，精选了当今具有代表性的5位著名自然科学家，从不同的方面展现了这些伟大人物的优秀品格。从他们的成功之中，我们可以发现，智慧就蕴含在我们的日常生活之中，蕴含在被我们忽视的细节之中，蕴含在刻苦钻研之中，蕴含在对大自然奥秘的追求之中。

　　英国生物学家、进化论的奠基人达尔文，对动植物和地质结构等进行了大量的观察和采集，并出版了《物种起源》，提出了生物进化论学说。伽利略是意大利伟大的数学家、物理学家、天文学家，他发明了摆针和温度计，确立了自由落体定律。重视实践，尤其是科学实验是英国物理学家、化学家法拉第的特点，他的电磁感应定律奠定了电磁学的基础，改变了人类文明。俄国著名化学家门捷列夫发表了世界上第一份元素周期表，他还在气体定律、气象学、石油工业、农业化学、无烟火药、度量衡等领域不同程度地做出了成绩。德国著名数学家、物理学家、天文学家、大地测量学家高斯享有"数学王子"之称，他一生成就极为丰硕，以其名字"高斯"命名的成果达110个，属数学家之最。

从上述杰出人物的成就中，我们可以看到坚守的智慧，可以看到创新的精神，可以看到信仰的力量，可以看到执着的信念。在这5册书里，相信每一位青少年都能找到一座属于自己的灯塔，都能找到最适合自己的一个方向，都会增长自己某一方面的智慧。

科普知识涵盖科学领域的各个方面，无论是物理、化学、生物等专业学科，还是我们的日常生活，无不涉及科普知识。随着全球一体化的时代发展，加强科学技术普及教育，提高民族科学素养，已成为持续增强国家创新能力和国际竞争力的基础性工程。我们在介绍这5位著名科学家的同时，罗列了他们所研究和从事领域的科普知识，就是希望通过介绍自然科学和社会科学知识，推广科学技术的应用，倡导科学方法，传播科学思想，弘扬科学精神，激发青少年朋友学科学、爱科学、用科学的热情。

感谢这5位享誉全球的科学家为我们提供了如此丰富的精神食粮，也祝福读到这套书的青少年，愿你们能够以这些科学家为榜样，不畏艰难，勇于探索，追求真理，积极献身科学事业，树立为人类谋求幸福的伟大理想。

目　　录

第一章　幼年的伽利略

第二章　学生时代

第一章

幼年的伽利略

　　幼年的伽利略聪明、勤奋，很爱动脑筋，善于留心观察事物。还不满 5 岁的伽利略已经学会了多种乐器。年幼的伽利略能提出一些新颖且有价值的问题，喜欢钻研，常常自己动手做一些小玩具，小小年纪却怀揣梦想。

第一节 愿意问"为什么"

1564 年 2 月 15 日，伽利略出生在意大利古城比萨的一户人家里。"啊，我的儿子终于出生了！"这家房舍的男主人芬琴齐奥·伽利莱高兴极了。初为人父的芬琴齐奥·伽利莱给这个婴儿取名叫伽利略。

贵族出身的芬琴齐奥·伽利莱从前十分富有，而今却家道中落，变得很贫穷。芬琴齐奥精通音乐，擅长数学，喜欢绘画，但他却不能凭此来养家糊口，因为当时没有人能了解数学的用途，就是在比萨大学里，也没有一位专门讲授数学的教授。

家境的贫寒，使芬琴齐奥不得不为一家人的生计奔波忙碌。伽利略出生后不久，芬琴齐奥在佛罗伦萨附近开了一家出售毛织品的小铺子，赚点钱养家。忙碌之余，芬琴齐奥喜欢在家中弹鲁特琴来驱走一日的疲倦。一次他在用鲁特琴演奏自己创作的曲子时，惊奇地发现正在茱莉亚怀里吃奶的伽利略听见乐曲声后，停止了吮吸，先是侧耳聆听，然后将小脑袋依偎在茱莉亚的身上，睁着一双大眼睛看着芬琴齐奥。看到襁褓中的儿子的这副神态，芬琴齐奥在心里沉重地叹了一口气，他苦笑着对茱莉亚说："看来我们的儿子长大后也要痴迷音乐啊。"

时间流逝，伽利略3岁了，他已经会说很多话了。生活对于他的父亲芬琴齐奥来说并没有太大的起色，家境依旧贫寒，芬琴齐奥依旧惨淡地经营着自己的毛织品小铺子，以维持一家人的生活。

每当父亲拖着疲惫的身体回到家时，伽利略最感兴趣的是尽情享受爸爸的"业余"爱好：演奏鲁特琴、演算数学题、绘画和朗读拉丁文和希腊文。伽利略安静地站在父亲的身旁，听、看、学。每当父亲弹完一首优美悦耳的鲁特琴曲之后，伽利略就会问道："爸爸，您的鲁特琴里怎么装了这么多好听的又不重复的曲子呢？您也给我买一把这样的琴，行吗？"发问的同时，他的大眼睛里充满了真诚和渴望，芬琴齐奥听了儿子的问话，不由得哈哈大笑起来。

"傻孩子，鲁特琴本身是不能装乐曲的，必须由人来演奏。"

"那么，爸爸，我和妈妈为什么演奏不出来呢？"

"因为你和妈妈不懂得乐谱。"

"什么是乐谱呢？"

"乐谱是……唉，你还小，是听不懂的……"

接下来是一阵沉默。

忽然，伽利略在桌上看到了父亲演算过的数学题，趁父亲抽空调整鲁特琴琴弦时，他努力踮起脚，从桌上拿下来一张演题纸，看见纸上画了各种几何图形，伽利略对此非常感兴趣。

"爸爸，您在这张纸上画的是些什么呀？"

"三角形、圆形……这些是数学中的几何图形。"

"它们有用吗？"

"是的。在我们的生活中可以运用它们解决很多实际问题，如盖房子、做家具等。"

"啊，这太奇妙了！爸爸，您也教教我吧，学会了，我也能盖房子、做家具了哦。"

芬琴齐奥疼爱地抚摸着伽利略的头，缓缓地说道："你还小着呢，长大了再学吧。"

听完父亲的话，伽利略的眼中闪过一丝失望，怏怏地离开父亲，找母亲去了。

茱莉亚是个温柔善良的女人，她和丈夫芬琴齐奥艰辛而顽强地支撑着这个家。她由衷地为丈夫的多才多艺而感到自豪和骄傲。每当芬琴齐奥生意不景气或遭受嘲弄而情绪低落时，她总是体贴地安抚丈夫。在伽利略的幼小心灵里，母亲是个乐观且通情达理的人，她十分疼爱伽利略，春光明媚时，茱莉亚经常领着伽利略到比萨城的郊外去踏青。

一天，芬琴齐奥正在家中演奏着一支自己谱写的曲子，他的一位生意场上的朋友来请他去商量一件重要的事情，芬琴齐奥忙放下鲁特琴，匆匆地跟他的朋友走了。

正听得津津有味的伽利略难免余兴未消。此时，他的母亲茱莉亚正在自家的庭院里修剪草坪。伽利略一个人在屋里看着父亲因匆忙离去而没有放进琴箱的那把鲁特琴。强烈的好奇心驱使他将手伸向了鲁特琴，他学着父亲的样子端稳了鲁特琴，然后"演奏"起来，几声嘈杂音响起，随即"嘣"的一声，琴弦断了一根，这可怎么办？伽利略心中害怕起来。茱莉亚听到屋里弹鲁特琴的声音，就进了屋。她看见伽利略脸色苍白，手里拎着那把断了弦的鲁特琴，呆立不语，眼里噙着泪。

"妈妈，我把爸爸的琴弦弄断了，我不是故意的。"

"伽利略，"茱莉亚说话的声音很轻柔，但语气异乎寻常的严肃，"没经大人的允许，你怎么能擅自乱动你爸爸的东西呢？这把鲁特琴已经跟随你爸爸十几年了，他特别珍爱它，每次演奏完曲子，他都把它放到琴箱里锁好，可现在，你却把琴弦弄断了。"

"可是，妈妈，我实在太想弹鲁特琴了，我没有控制住自己！"

"唉，你真是个犟孩子，一会你爸爸回来，你一定要讲清事情的原因，诚恳地向他赔礼道歉，请求他的宽恕。"

伽利略想反驳几句，但最终没有说出来，他感到挺委屈，自己不是故意的，为什么还要道歉呢。

芬琴齐奥回来后见琴弦断了，心情很不愉快。

在茱莉亚的坚持下，伽利略诚恳地向父亲道歉，然后，他说："爸爸，我太喜欢听鲁特琴曲了，我多想学会演奏鲁特琴啊。""伽利略，你还没有经过专业的学习，是不可能演奏曲子的，小家伙，以后不要再给我捣乱了，听见没有？"芬琴齐奥语调中带着警告。

"爸爸，我想，演奏鲁特琴和学爬树一样，刚开始学时，总要摔些跟头，付出一些代价。不过，熟悉了之后，就好了。我以前不会爬树，但摔过几次之后，我就会了，同样，我学习演奏鲁特琴，也要有一个过程，我想自己是能够学会演奏鲁特琴的。"

芬琴齐奥听完伽利略的话，非常吃惊，一个还不到 4 岁的孩子，竟能领悟出这样的道理，实在难得。于是他对伽利略说："好了，伽利略，我已经原谅你了。不过，以后不经父母的允许，你不能随便乱动家里的贵重物品，既然你想学习演奏鲁特琴，我可以教你，但是你不要半途而废。"

见父亲这么通情达理，伽利略高兴极了，他扑到母亲的怀里，连声说："妈妈，爸爸真好，爸爸真好！"

琴弦接好了，芬琴齐奥开始教伽利略学习演奏鲁特琴，他首先让伽利略练好手指的功夫，伽利略每天要花费很长的时间活动手指，几天下来，手指已握不住吃饭用的刀、勺。茱莉亚非常心疼儿子，劝芬琴齐奥不要操之过急，芬琴齐奥却说："学一门技艺一定要练好基本功，这和小孩玩游戏是两码事。"

练好父亲规定的演奏基本功，伽利略就跟父亲演奏鲁特琴，他学得很快，一教即会，不久，就能娴熟而准确地演奏许多支乐曲，他的父亲感到欣喜，高兴地对他说："凭你的音乐天赋，认真学下去，将来一定会成为费迪南德大公的宫廷里最受欢迎的音乐大师。"

后来，伽利略又喜欢上了风琴和笛子。在吹弹之中，幼小的他深深地体会到音乐的神奇和美妙，仿佛世界上最美好的东西都包含在动人的乐曲之中。

伽利略痴迷在音乐的天地里，陶醉万分。他弹奏的美妙的乐曲常常吸引来许多他家附近的邻里友人，他们对伽利略的演奏水平给予了很高的评价，都称赞芬琴齐奥和茱莉亚有幸得到了一个天才般的儿子。

徜徉于音乐的世界里，伽利略细心地领会和品味了音乐的优美旋律。舒缓、活泼的曲调，清新醉人的意境，使他欢乐、振奋、向上，音乐有一种神奇的力量，激发了伽利略那聪明好奇的天赋，音乐使他的思想迸发出火花，充分展现他的想象力。

在一个凉爽秋天的傍晚，彩霞满天，吃完晚饭的伽利略随父亲外出散步。伽利略抬头看见红彤彤的天空，就问道："爸爸，天上的云彩为什么有时是红的，而有时又变成白色或黑色的呢？"芬琴齐奥不知道应该怎样回答，于是就带着含糊的口吻说："这个问题恐怕难以解释清楚，大概是因为太阳光线照射的强弱不同造成的吧。"伽利略心中仍存疑问，刚想再问，被父亲挥手制止了："伽利略，你看，今天的空气非常清新，我很久没有这样好的兴致了，你陪我到比萨广场去转转吧。"

父子俩很快就来到了比萨广场。伽利略惊奇地发现：广场中心屹立的一座塔楼竟然是斜的！这么高大的塔为什么是斜的呢？而且倾斜的角度很大而塔却没有倒塌，这又是什么原因呢？伽利略将心中的疑问向父亲讲述出来，向他请教这其中的奥妙。

芬琴齐奥一听就乐了，他用手轻抚着伽利略的小脑瓜儿，笑眯眯地说："我就知道你一定会对这座斜塔提出疑问的，说来也奇怪，这座塔于1173年开始兴建，当初是垂直竖立的。然而修建到第三层时塔身开始偏斜，只好停工。过了一些年，人们仍不死心，又继续施工。最后共修了8层，塔高54.5米，重14 200多吨，造成塔身偏斜是偶然的施工错误所致，至于斜塔为什么不倒塌，这也许是存在着一种力的'平衡'吧。人们测量后发现，这座塔的倾斜度每年都在缓慢地增加。"

"啊，这真是一座神奇的斜塔!"伽利略赞叹道。

"那当然，比萨斜塔，不仅在我们意大利是无人不晓，而且不少外国的旅行家和航海家来意大利观光，也都纷纷慕名前来观赏这座神奇的斜塔。"芬琴齐奥十分骄傲地说。

伽利略不禁又问："爸爸，你刚才说的那种力的'平衡'又是由什么造成的呢?"

"这……唉，大概是上帝留给你的问题吧，你长大后就会知晓的!"

伽利略知道父亲已经有些不耐烦了，也就不再问了，但他心中的好奇却更重了。

伽利略正是因为有这种好奇心，从而使他养成了注意观察事物的好习惯，表现出非凡的天赋。

年龄还不满 5 岁的伽利略，已经学会了弹奏乐器，而且能提出一些新颖而有价值的问题，虽然这些问题他一时还弄不懂，但为他日后的求知、上进和钻研奠定了智力上、心理上的基础。

第二节 怀揣梦想

在伽利略还是个 5 岁孩子的时候，芬琴齐奥就带着他分别参观了达·芬奇和米开朗琪罗的绘画作品。芬琴齐奥还给伽利略讲述了达·芬奇的生平事迹，伽利略听得入了迷，惊叹不已。达·芬奇对人生、对艺术的执着追求和坚韧的奋斗精神深深地感染了伽利略，在他的心头烙下了鲜明的印迹。

伽利略的脑海里反复回荡着父亲赞叹达·芬奇的那句话："达·芬奇多才多艺，他的画堪称前无古人、后无来者呀！"一股敬佩之情从伽利略的心头油然而生：我要成为像达·芬奇那样的人物。"从明天起，我也要学绘画，长大后我也想成为达·芬奇、米开朗琪罗那样的绘画大师。爸爸，您看我能实现这个理想吗？"

"只要你努力学习，一定能实现的。"

芬琴齐奥疼爱地揽过了伽利略。作为父亲，他感到骄傲。他感谢"上帝"赐予自己一个天才的儿子，一年前，他教会了儿子弹奏圈特琴等乐器，而今，儿子又迷上了绘画，并且决心很大。芬琴齐奥心想一定不要挫伤儿子的求知热情，于是他语重心长地对伽利略说："孩子，爸爸很为你的志向感到高兴，你在幼年，就想走出无知的峡谷，摆脱平庸的泥沼，这是很了不起的举动。今后，你要首先超越自己，在未来的人生旅途中、前进的道路上会荆棘丛生，未知的天空中会风雨飘摇，但是只有勇敢地攀登，才能品味到奋斗的欢乐；只有翱翔在蓝天上的大鹏，才有直上九万里的逍遥啊；只有不断地超越自我，人生才会辉煌。"

伽利略开始跟着父亲学习绘画，芬琴齐奥从绘画的基础透视构图开始教授伽利略。刚开始时，伽利略严格按照父亲教给的笔法和透视角度构图学画，一年后，他的绘画作品已有了一定的功底，艺术角度也更加新颖别致。有一次，居住在佛罗伦萨的一位公爵举行画展，父亲将伽利略的一幅作品带去参展，这幅画意外地受到了公爵的赞赏，获了奖。

芬琴齐奥将奖品带回家中，摆在伽利略那张简陋的画桌上：10枚金币、一卷优质的画布、一部古希腊数学家欧几里得的专著《几何原理》。

伽利略无意地拿起了那本厚厚的《几何原理》，翻开几页看了看，不禁喊道："爸爸，这里面画了许多图案，是不是讲授绘画方面的书呢？我太喜欢这些图案了。啊，爸爸，我知道了，这是一本数学书，三角形、圆形、四边形……太好了！爸爸，您以前在家闲坐时，不总是在纸上画这些图形吗？记得您还曾对我说，数学的用途很广，比如在……"伽利略像发现了新大陆，惊喜地不停地说着。他央求父亲教自己数学知识。

芬琴齐奥对伽利略的请求感到十分为难，"你学绘画才刚刚有起色，应该继续努力，不要半途而废呀？"

"放心吧，爸爸。现在我已经6岁多了，应该多学一些知识。您不是说过无知和平庸是人生的大敌吗？我既学数学，又学绘画，这样可以从两个方面都得到提高呀！爸爸，您就答应我吧。"伽利略用自己那双小而有力的手握住芬琴齐奥宽厚的大手一个劲儿地恳求。

"好吧，你真是一个好学的孩子，我答应你，可是你不要由于太累而哭鼻子和打退堂鼓哟。"芬琴齐奥被伽利略缠得无奈，便同意了。

芬琴齐奥觉得与绘画相比，学习数学是有一定难度的。他是从几何学中最基础的点和线开始教伽利略的。伽利略非常认真地学习爸爸讲授的知识，一丝不苟。对数学有浓厚兴趣的伽利略似乎已经痴迷。每天除了绘画和休息时间外，伽利略的其他时间绝大部分用在了学习数学上。有一次全家人围桌就餐时，伽利略吃着吃着就想到未理解的数学知识，忽而用刀叉在餐桌的台布上画着几何图形，演算起来。他的两个小妹妹在这时就会用勺子轻敲着汤碗，喊着："哥哥又入迷了！"母亲茉莉亚一面制止着两个淘气的女儿，一面心疼地看着痴迷不"醒"的伽利略，埋怨着她的丈夫芬琴齐奥："都是你，让伽利略习画、学琴、学数学，现在，孩子的头脑里整天都想着这些'无用'的东西，这样下去，孩子也会像你一样，贫穷一辈子的！"

芬琴齐奥听了妻子的嘲讽后，心中虽有些气馁，但嘴上却一点也不认输。

　　父母的一番唇枪舌剑，并没有使伽利略从痴迷中惊醒，直到他演算出那几道画在台布上的几何题，他才继续就餐，并在咀嚼中抬起头来，询问他的父母刚刚发生了什么事而使他们激烈地争吵。这时候，他的母亲看着被他划破的台布，深深地叹了一口气，脸上浮现出一丝无奈的苦笑，心情复杂的父亲则无言地用温暖的大手拍拍伽利略的肩膀。而伽利略的两个小妹妹此刻却笑得前仰后合。

　　伽利略在餐桌上的这种情景，他自己也记不清有多少次了，他经常吃着饭就陷入深思，以至于他的两个小妹妹给他起了个绰号"餐桌上的数学狂"。

　　伽利略7岁的时候又迷上了制作玩具，而且做得很出色，这对他后来的科学发明是非常有益的。那些可爱、灵巧的小木偶把伽利略深深地吸引住了。

　　伽利略从江湖艺人表演的木偶戏中受到了启发，回到家中，他找到一些大小不同的木板，用一把小刀将木板雕刻成人的形状，又从母亲的衣柜里找出各种颜色的边角布料，为自己制作的木偶缝制衣服，给小木偶穿上衣服后，伽利略又做了一些小鼓、笛子、风琴形状的木刻品，让木偶人"操作"，一切准备就绪，他就叫来两个妹妹，三个人一起牵动拴在小木偶各个关节上的拉线，"啊，成功了！小木偶一个个的'活了'！"伽利略欣喜若狂地喊了起来。两个妹妹也乐得直拍手。

父亲芬琴齐奥回到家后，伽利略的妹妹们拿着活动自如的木偶给父亲看，"你们的玩具是从哪里买来的，一定花了很多钱吧？"父亲从女儿的手中拿过一个木偶，一边摆弄着，一边问道。

"爸爸，这不是买的，是哥哥自己做出来的。"

"怎么可能？你哥哥根本就不会做木偶呀。"父亲一脸疑惑的神情。

"的确，这木偶确实是我们的儿子做出来的。"随着话音茱莉亚走了进来。

父亲见伽利略的红头发上、衣服上，甚至脚上都沾满了木屑，手里还拿着一个已具雏形的木偶。芬琴齐奥相信了他的妻子和女儿的话。

父亲这次回来给伽利略兄妹三人带回了一些木制玩具，有小狗、小猫，还有一辆小马拉车，只是小马拉的车的轱辘是不能旋转的。

伽利略无疑对这辆小马车产生了兴趣，用手摆弄了半天也没能使马车的轱辘旋转。可他十分耐心，没有一点烦躁的情绪。他将这个小马车玩具举到自己的眼前，久久地端详。

观察了一段时间后，伽利略用小刀和铁锯拆开了小马车，对组成这个玩具的每个零件都进行了细致入微的察看和研究。他尝试着对玩具进行改进，重新组合装好，试了一下，车轱辘仍旧纹丝不动。他索性又把玩具拆开，再尝试，再拆，又试。就这样反复拆卸组装。不一会儿工夫，他的面前剩下的只是一些杂乱不堪的碎木块。他失败了。

当两个妹妹跑来向他索要小马拉车玩具时，伽利略用手指了指眼前的碎木，歉意地笑了笑，没有说出一句话。妹妹们很失望地走开了。

伽利略坐在靠窗的椅子上，用小手托着下巴，望着远处的比萨斜塔，苦思冥想。

也不知静坐了多久，一阵阵车铃声将他从沉思中惊醒。他看见一辆两匹马拉的马车缓缓地停在了他家门口，父亲闻声出去迎接客人，很高兴地与车上下来的人拥抱和握手。伽利略知道，这个人是父亲在毛织品生意上的合作伙伴，两人合作得很愉快，此人这次来拜访父亲，一定是生意上的事。伽利略对此不感兴趣，却对屋外停的那辆客人乘坐的马车产生了兴趣，于是他来到了马车旁，一会儿钻到车厢下面去看看车轴，一会儿又钻出来围着马车的辊辘反复观察。"小孩，小心点，你别钻来钻去的，别让车把你撞伤了。"马车夫看见伽利略钻来钻去，好心地提醒他。伽利略点头答应着，眼睛却仍然目不转睛地看，手仍不停地摸。啊，他终于发现了奥秘！

伽利略匆匆向马车夫道了声谢后，就急忙返回了自己的小房间里，动手开始继续研究他的小马车。他用刀重新旋了一根车轴和两个车辊辘，还制作了车厢，然后一一组装完毕，用手一推，车轱辘竟然向前运动了！

心中充满成功喜悦的伽利略推着玩具跑出了自己的房间，冲进了客厅。这时，芬琴齐奥和他的这位客人正谈得很起劲，一看到伽利略这样的举动，难免很生气，很不高兴地指责了儿子几句。来访的客人忽然发现了伽利略脚下的那辆转动的玩具马车，感到很惊奇，就请伽利略拿给自己看。"啊，这很不可思议，是你自己做的吗?"客人从伽利略口中得到了肯定的回答，就转过头对芬琴齐奥说："我向你表示祝贺，你的儿子真是一个神童，他将来定会大有出息的，好好培养他吧。芬琴齐奥，这孩子会给你的全家带来荣耀的。"客人亲热地拉了拉伽利略的手，告辞了。

第二章

学 生 时 代

　　8 岁的伽利略进入一所小学，开始了他的学生时代。在学校中，伽利略成绩优异，他喜欢从知识的"源头"学起。在瓦朗布罗萨修道院学习期间，伽利略想成为一名修道士，最后被父亲阻拦，在父亲的劝说下去比萨大学学习医学。然而，伽利略对医学毫无兴趣，却对亚里士多德的一些理论产生了怀疑。

第一节 崭露头角

1572 年，伽利略 8 岁了，他被父亲送到比萨的一所小学去读书。他开始进入学生时代。

当时的小学教育，由于受欧洲文艺复兴的影响，学校在课程设置方面新增了自然科学基础知识和外国语等新兴学科。

第一次进入课堂，伽利略充满了新鲜感，学校的生活为伽利略呈现出一个耳目一新的天地。父亲在他幼年时所给予的多方面的早期启蒙教育发挥了作用，很快，伽利略在全班几十名学生中脱颖而出，成为佼佼者。每次考试，伽利略的学习成绩总是排在第一位。一时间，比萨小学的师生们都知道了这个眼睛大得惊人、红头发、矮胖的聪明男孩名叫伽利略。

伽利略确实聪明过人。在老师的眼里，伽利略对知识的理解程度不像其他学生那样肤浅，他是以一种探索的方式深层次地咀嚼和消化知识，喜欢从知识的"源头"学起，课堂上的伽利略十分活跃，好想善思，反应能力非常强。

伽利略喜欢超前学习，尤其是在自然科学的各门课程里，他经常提前预习，这要占用他课余的很大一部分时间，而且非常费脑筋，甚至他在睡梦中也"思考"着问题。他的这种做法引起了一些同学和老师的注意，有人认为他这是自讨苦吃，身为学生，只要把老师课堂讲授的知识学会就可以了，何必再花费那么多精力去提前硬"啃"老师还没有讲授的知识呢？有人则认为，伽利略在学习上是"尖子"，他这么做，无非是想证明自己比别人聪明，至于是否能达到预习的效果他是不在意的。只有少数博学有远见的老师认为伽利略将来一定是个大有作为的人，他是个天才，必将成大器。

对于同学和老师的议论，伽利略毫不介意，继续提前预习功课。在艰难的预习中，他深切地体会到"学山"攀登者的苦与甜和败与胜。

伽利略学习外语十分刻苦，每天清早，他早早起床，拿起外语书，来到离家不远的寂静树林里，轻声朗读，常常一读就忘记了时间。每天如此，不管刮风下雨，还是自己身体不舒服，从未间断过。伽利略对这些不同于母语字体的神奇的字母，以及用它们构成的词语、句式，表现出了浓厚的兴趣。有一天晚上，伽利略做完了作业，又默读了一会儿外语课文，然后，他放下了书，抬起头，看到因一天的劳累而正在椅子上打盹的父亲，他下意识地走过去，用希腊语问道："爸爸，您很累吗？到床上去歇一会儿吧。"正半睡半醒的芬琴齐奥听到伽利略能说希腊话，一激灵，清醒了，"你再说一遍。"伽利略按照父亲的要求做了。芬琴齐奥既意外又惊喜，伽利略的希腊话竟然说得这么好。于是，通晓希腊语的芬琴齐奥开始与儿子用外语交谈，虽只是些日常生活方面的简单对话，但伽利略在具体语言环境中用词等方面都表现得很出色。于是，每天晚饭后，伽利略和父亲都会进行外语对话，这成了伽利略和父亲共有的一大乐趣。父子的外语对话，逗得茱莉亚和伽利略的两个小妹妹时常发笑，从中，也提高了伽利略的外语口语表达能力。

渐渐地，课堂上老师所讲授的知识，已难以满足伽利略的求知需求了。他开始看课外书，家境的贫寒，使他家藏书很少，根本满足不了他的要求。他就央求父亲去朋友那里借书给他看。比萨小学的一位老师藏书很多，伽利略得知后，立即登门拜访，想借一些书看，那位老师思想很开明，虽没有教过伽利略，但对他的印象很深，也非常赞赏他的求知热情，慷慨借阅。他从那位老师手中借阅了许多有关人文主义思想方面的文学和哲学书籍，思想境界有了明显的提高，知识视野进一步拓展。在借阅和还书的过程中，伽利略与那位老师成了密友。几年后，伽利略的这位密友为他能够进入比萨大学学习出了不少的力。

伽利略好奇心强，随着年龄的增长，他虽然掌握了一些知识，但使他好奇的事情似乎也越来越多。

他喜欢在晴朗的夜空里望月观星，常常坐在自家院中的一块草坪上，遥望着深邃的夜空中的繁星和月亮，头脑里思考着一些问题：为什么晚间地上一片漆黑时，天上的星星和月亮却发出光亮，这光是它们发的光呢，还是太阳照的？月亮上有没有人居住呢？为什么星星和月亮只有在夜晚时才能看到呢？晚上太阳到哪里去了呢……千奇百怪的问题一直萦绕在他的脑海里，困扰着他。他的想象力和联想力太丰富了。

他想书中应该会有这些问题的答案，于是他开始拼命读书。然而令他失望的是，小学教科书里是找不到答案的，借阅的众多课外书里也没有，他就向学校的老师询问，有的老师好心地劝导他不要有那么多奇思妙想，先把现在的基础知识学好，长大后再研究这些奇怪现象。而个别保守的老师则对他的问题嗤之以鼻，冷冷地对他说，这种事情是上帝安排的，鬼才知道是怎么回事。

伽利略没有气馁，没有放弃，他想，自己认真观察一段时间，或许能够找到解决问题的答案。

从此，伽利略开始了望月观星的行动。当时正值隆冬时节，比萨城虽坐落在地中海式气候带内，但冬天的夜晚仍是很冷的。伽利略迎着寒风，仰望夜空中的星星和月亮，仔细观测，用心琢磨。他一站就是好几个小时，全身被风吹得冰凉，却浑然不觉。后来冻得实在挺不住了，就跑回自己的房间，披上一块毛毯，又偷偷地跑了出来，继续观察。

也不知道他观察了多少个夜晚，他最终也没有得到答案。这时，他才认识到，自己心中想要解决的那些问题，仅靠肉眼的观察是不行的。

他在观察星空的过程中发现了一些自然规律：月亮的圆缺运动及星星的次序规则等，他为自己的发现感到欣喜。

父亲终于在一天晚上发现伽利略"失踪"了，他很纳闷儿，就披了件衣服来到屋外寻找，终于发现自己的宝贝儿子正蜷曲着，瑟瑟发抖地仰望着星空。

"伽利略，你蹲在那儿看什么呢？"父亲感到不解，不禁问伽利略。

伽利略看到父亲后，吃了一惊，随后镇定下来，他把自己的一些没人能解释的问题告诉了父亲。"你简直是疯了，思考这些问题有什么用呢？毫无必要！你现在最关键的是打好基础，为将来进入比萨大学学医做好准备。你必须把你头脑中的胡思乱想全部丢弃，安心学习。"父亲怒气冲冲地对伽利略发起火来。

伽利略冷静下来，等父亲的火气消了许多后，他缓缓地说："爸爸，我觉得我观察月亮和星星的行为不是胡闹，教科书上的知识太陈旧了，它对一些现象，尤其是对大自然的许多现象缺乏合理的解释和正确的判断，而自然中这些现象本身就是存在的，可至今无人能真正解释清楚。我是想通过自己的悉心观察，从中寻找出解释这些自然现象的正确答案。"

父亲听了伽利略的话，不禁叹了一口气，说道："孩子，你太幼稚了，你这样做是与上帝作对啊！你是要走哥白尼的路啊！"

"这与上帝有什么关系呢？哥白尼是谁？"

"唉，说来话长，几十年前，在波兰，有一位科学家哥白尼。他根据亲身的观察经验，打破了神学家一贯推崇的宇宙观念——地球中心说，提出了太阳中心说，向上帝提出了挑战。哥白尼的这种学说被宗教裁判视为异端邪说，他的学说虽然有科学依据，但他触犯了上帝的意志，所以屡遭教会的迫害，终生不得志。伽利略，你要以他的遭遇为警钟，不要沉迷于胡思乱想之中不能自拔，从而耽误了自己的前途。我从心里赞赏哥白尼的学说，但回天无力啊！"

"哥白尼真伟大！"伽利略在心里赞叹。为了安慰好心的父亲，伽利略非常诚恳地说："爸爸，您放心，我知道自己应该去做什么，怎样做，我不会让您失望的。"

父亲的脸上这才露出了满意的笑容。

此后的伽利略，在学习上更加用功，只要遇到不懂、不会的问题就缠着老师寻根问底，有时也会和老师争辩某些问题，让老师对他既喜爱又畏惧。

伽利略仍旧观察天象，并开始尝试着做观察记录。

从父亲那里大致了解了哥白尼的"日心说"理论后，伽利略忽然对太阳产生了浓厚的兴趣。他用心观察，发现太阳在每天的日出日落时又大又红，在白天则光芒刺目，这是为什么呢？带着这个疑问，他找来了一块很厚的玻璃片，极目观日。强烈的太阳光虽然有厚玻璃的阻隔，但仍然非常刺眼。如果观测的时间长一些，伽利略就会眼睛发花，酸痛无比。数天过后，他的眼睛已肿得睁不开了。对此他禁不住惊讶地喊道：阳光有毒！他也为自己的好奇付出了代价。

伽利略又开始埋头读书，沉浸在知识的海洋之中。各种奇妙的想法萦绕在他的脑海里，他经常走神，和他的同学们交谈时变得心不在焉。见此情景，同学们说："我们班的小天才——伽利略又在做梦了。"

伽利略想得很远，他在尝试解释各种事物。

后来，他在课堂上向老师提出了许多自己百思不得其解的问题，但是所提出的问题他的老师也回答不了。自己认真学习的书本知识却解释不了生活中的现象，伽利略感到很苦闷。父亲看出了伽利略的心事，安抚着说："等你再大一些，我可以送你到一所好学校去读书。我听说在佛罗伦萨附近的瓦朗布罗萨有一所很著名的修道院学校，那里的老师很有学问，我想，你的这些疑问，到那里会得到圆满解答的。我希望你将来成为一名医生，如果想当医生，就必须上大学深造。这些你懂吗？"

已满 10 周岁的伽利略打心底里不愿意将来从事医生职业，但他渴望多学习一些知识。

"那所修道院的校规很严，你将来到那里学习，一定要改掉你那种喜欢幻想的不良习惯，否则你会受到惩罚的。"伽利略硬着头皮答应了，他理解父亲的好意。

在比萨小学学习的两年时间里，伽利略从心里感到充实。他聪明自信，才思敏捷，更善于联想和观察生活实际，他还勇于实践和探索，寻求运用所学的知识去解释当时还没有被人们认识的自然现象，虽然屡遭挫折和失败，但他仍坚持不懈。在追求科学真理的初期，他就显示了一种勇敢精神，这对伽利略后来追求科学真理的奋斗影响很大。

第二节 欲当修士

1875 年，伽利略一家从比萨搬到了佛罗伦萨，芬琴齐奥把家迁回故乡是从两个方面考虑的：一是要实现对儿子曾经许下的诺言；二是他看好在佛罗伦萨从事的毛织品销售生意，将家搬来，可使他有更多的精力投入到生意上去。

芬琴齐奥一直希望伽利略能成为一名医生，然而，经过父子俩的几次交谈，他发现伽利略根本无意从医，并且在他的小脑袋里有着许多无用的胡思乱想，这样下去，怎么得了呢？

伽利略的表现很让他的父亲发愁。对这个聪明好学、不太听话的儿子，应该先让他认真读书，让有"知识"的老师对他进行严格教育和启蒙，引导他养成对圣哲学识的尊敬，从而剔除他满脑子的胡思乱想。

一天晚饭后，芬琴齐奥把伽利略叫来，很严肃地对他说："伽利略，你已经10岁了，已经学到了不少知识，可惜太杂乱，没有体系。在比萨小学，你学得很出色，但你的缺点就是爱胡思乱想，甚至有些不务正业。现在，我和你母亲把家搬到佛罗伦萨来，主要是为了你，我要把你送到以前说过的那所瓦朗布罗萨修道院学校去学习，你到那里必须好好用功，为将来进比萨大学做好准备，你不能再花费时间来画画、做玩具或干些胡乱猜疑的愚蠢事情了。"

伽利略很爽快地答应了。因为父亲介绍的这所学校的知名度，他已向往许久了。父亲说那所学校的老师很有学问，或许能解答伽利略心里的各种奇异的问题，一想到这些，伽利略激动不已。

几天后，伽利略跟父亲来到了距佛罗伦萨城不远的瓦朗布罗萨修道院学校。

当时，意大利的许多学校都设在修道院里，学校里开设的课程主要是神学和哲学，其他辅助课程也都以神学为指导思想，越是在比较正规的学校，这种状况就越严重，瓦朗布罗萨修道院学校就是一个这样的典型。

伽利略对修道院学校优雅清爽的自然环境非常满意。父亲为伽利略办理完各项入学手续，又对他叮嘱再三，就匆匆地离开了。

伽利略就这样正式成为瓦朗布罗萨修道院学校的学生，他开始学习宗教神学和哲学。

这里的老师好像都很有"学问"，在课堂上，他们滔滔不绝地讲授神的存在、本质和宗教教义，还有古希腊哲学家亚里士多德的理论。

课堂的教学内容是伽利略从前没有接触过的，所以他产生了一种前所未有的新鲜感。

伽利略的父亲曾经也是个虔诚的天主教徒，但后来父亲迷上了音乐和数学，又加上生活艰难，致使其对宗教的信仰大为减弱，甚至有时还会产生几分怀疑，所以父亲对伽利略进行学前启蒙教育时，很少提及有关宗教方面的知识，而注重从兴趣、能力等方面进行启发和培养。伽利略以前就读的比萨小学，侧重于各类学科的常识性知识介绍，对宗教神学和哲学讲授得很少。

面对这些"新鲜"知识，伽利略精神振奋，如饥似渴地学了起来。他潜心学习，花费了比其他同学多得多的时间埋头苦读，用心钻研。

学校作息时间非常严格，要求每一个学生必须遵守。如果有违纪者，就按校规来处罚他：每晚他人就寝后，违纪者要在单独的禁闭室的烛光下默诵校规或教义。

伽利略喜欢在晚上入睡前的这段较安静的时间里读书，熄灯就寝的哨声响后，浑然不觉的他仍在烛光下阅读，于是，他因违纪受到了处罚。后来，他接连受到这样的处罚，校长感到很奇怪，就问宿舍的管理员是怎么回事。管理员一副无可奈何的样子，摇着头说："不可思议，这个长着红头发，名叫伽利略的学生真是不可思议，开始，我以为他不按时就寝看的书肯定是那些淫秽的小说或异端邪说的著作，到他跟前细看才知道他读的是神学书，问他为何违纪，他却一点也不惊慌地说，他太喜欢看这些书了。这样，我也就不便再批评他了，只是按校规处理。据教过伽利略的教师讲：伽利略是一个非常用功、愿意思考的出色学生。"

校长是一位虔诚和善的教徒，听完管理员介绍的情况后，他不禁笑着说："既然伽利略这么用功，那就破例每晚让他在熄灯后到禁闭室再读两个小时吧！当然，不能算他违反校规，我真诚希望伽利略将来能成为神学的研究者。"

得到了校长的"破例"优待，伽利略心里很高兴，更加勤奋地学习，孜孜不倦地读书，读了许多有关神学和哲学的书籍，他的神学和哲学课程的成绩总是十分优秀，校长和教师们都非常喜欢这个聪明、刻苦、勤于思考和钻研的学生。

面对着学校图书馆里排列整齐的书架上数以千计的书籍，伽利略第一次感到自己是那样的渺小和无知，同时也在灵魂深处认识到宗教神学和思辨哲学的博大精深。

他像一只勤劳的小蜜蜂，辛勤地在书海中采撷，渴望早日酿出知识的芳蜜。

伽利略手不释卷，边阅读边思考。他对宗教的就事论理方式很叹服，对亚里士多德也很崇拜，他阅读了这位圣哲的一些著作，认为亚里士多德的哲学思想很深邃。亚里士多德哲学观认为，要了解"为什么世间万物是人们所见到的这种形式，为什么它们不会是别的形式，为什么它们现在的这种形式就是最好的"这些基本问题，就必须探寻到事物的本原，把握自然界中所有事物背后的终极目的。亚里士多德吸取前人的研究成果，以此为基础，选用了四种基本元素：土、气、水、火，还有与这四种有关的、两两相对的基本性质：热与冷、干和湿。亚里士多德指出，四种元素各有自己的天然位置，其自然倾向是重者下落，轻者上浮，如果将它们移动，其自然倾向就迫使它们极力回到自己的天然位置。这样，逻辑规则就得出了，再根据这些逻辑规则，人们就可以从所见的自然结果中推断出原因。原因只能依赖于推理，而没有直接呈现于人们的感觉中。

伽利略反复思索着亚里士多德的关于自然哲学的这些论述，虽然似懂非懂，但觉得这些论述很精深，阅读时有种特别的感受。

伽利略在神学和哲学的浩瀚书籍中埋头苦读，他感到其乐无穷，在书里，他与一个个学识渊博的神学家和哲学家相识、结友，最后接受他们的"精辟"论断。他欣慰地说：我是多么幸运啊，生长在造纸术和印刷术发明之后。据大人说，过去的时代中，古人的教诲必须写在卷轴上，只有极少数人才能读到。学校有这样好的条件，我一定要尽可能地多读书，读尽学校图书馆库存的书籍，这样，随着读书数量的增多，我将来就可以获得探知世上万事万物的真理。

伽利略十分享受这种令人心情欢悦的读书生活，他终日沉湎于书本中，如饥似渴，不知疲倦。

书读得越多，伽利略就越对宗教神学推崇备至，他想：还有什么能比做一名修道士更好的呢？他决定要把自己的一生贡献给教会，修道士可以体味到人世间最崇高、最神圣的东西。

伽利略在脑海里憧憬着将来成为修道士后舒心如意的生活：他可以坐在藏书丰富、环境静谧的图书馆里专心研究神学及哲学，获得渊博的知识，感悟到神学的神圣高尚，体会到哲学思辨的严谨确切；他也可以身穿黑色庄重的修道士长袍，披上洁白的披肩，参加祭祀天主的弥撒活动；或许将来他能成为主教院长，成为修道院里最有权威、最博学、最受尊敬的人……

他决心像修道院学校里的树木一样，终生守卫于这个在他看来似乎与喧嚣的尘世完全隔绝的圣洁之地，修道院的上层人物得知伽利略有这样的想法后，十分高兴。因为在他们的眼中，伽利略是一个聪明伶俐、才思敏捷，并且善于思考、勤奋过人的好学生，如果他能够在将来献身于教会，是极为难得的。

修道院的上层人物告诉伽利略，如果他努力钻研神学，毕业后可以如愿以偿地成为一名修道士，他也因此从各方面得到了照顾。

　　芬琴齐奥知道儿子将来想做修道士，感到很高兴。伽利略在假日里返回佛罗伦萨与家人团聚时，兴致勃勃地向父亲汇报了自己在修道院学校里的学习情况，父亲听后很欣慰。不服从管教、好奇心十足的儿子终于安心学习且迷恋宗教神学了，这样，凭借他的天赋，他可以在宗教神学的研究方面有更大的发展。成为地位显贵的修道士后，他可以自由、潇洒地出入上流社会，以他的才气和胆识，将来定会成为备受人瞩目的大主教，行使神圣的职权。

　　芬琴齐奥对于儿子的选择感到满意，他认为儿子一定能在宗教界出人头地，可以光宗耀祖，重振家门，儿子要是能成为大主教、红衣主教该多好啊！但他一开始并没有对儿了明确表态：同意他做修道士。他还要观察一下儿子是否对神学有着坚定不移的信仰。因为他知道儿子很容易冲动，耐力差，倘若伽利略的选择只是出于一时的冲动，而非深思熟虑，那么，作为父亲的芬琴齐奥是不会同意这种轻率行为的。在他看来，人一旦确立了自己的目标，就必须拼命奋斗进取，不能有一丝的动摇或怀疑，直到最终实现理想。

　　不久后的一天，伽利略从学校回到佛罗伦萨的家中度假，他向父亲讲了自己在回来的路上发生的一件事：

　　伽利略在回来的路上碰巧遇见一辆前往佛罗伦萨送橄

榄油的马车，伽利略招手让马车停下，他恳求马车夫，让马车顺道把他带到佛罗伦萨，他愿意付给马车夫一点外快。马车夫欣然答应了。坐到马车上，伽利略看见车上装橄榄油的大木桶很重，马车走得很慢，负载过重，致使马车从瓦朗布罗萨到佛罗伦萨的时间延长了许多。伽利略虽然心里焦急，但是毫无办法，他索性打量起这些大木桶，看了片刻，他用眼睛估量了一下木桶的高度和直径，心里想"这桶的形状几乎是圆柱体"，伽利略就运用了所学的数学中计算圆柱体的体积公式用心算很快就算出了木桶的容积。伽利略调皮地对马车夫笑了笑，问道："车夫大哥，我想，在每个桶里，你装了200升的橄榄油，对不对？"赶车的马车夫疑惑地看看这个红发少年，回答："的确如此，你是怎么知道的呢？""这很容易，我是用数学定理算出来的。"伽利略骄傲地说道。"小孩，你别唬人了，数学是什么玩意儿，它能和万能的神学和亚里士多德圣哲的哲学相比吗？你不要小看我这个马车夫，对于神学和哲学，我还是懂得一些的。"马车夫对伽利略所谈的数学定理不屑一顾，满脸讥讽的样子。

"这个很简单的……"伽利略尝试着给马车夫讲解一下。

马车夫却生气地打断他的话，说："你必须要向我讲清这个秘密，否则你就是有什么魔术或异端邪说！"

伽利略反复给马车夫讲解这个定理，但马车夫却听不进去，他声嘶力竭地叫喊道："你得出的数据是偶然瞎猜出来的，你却说是借助数学定理推算出来的，简直就是胡言乱语！我们大多数人只相信万能的神学和圣哲的思想是千古不变的真理！"

伽利略只好警告马车夫说："请你安静一下，否则我就下车走了，你就拿不到那笔外快了！"

马车夫瞬间安静了。两人在后一段路途中再没有说一句话。

这件事对伽利略触动很大，他心里想着：真没想到传统观念竟会如此顽固。

他突然间对神学产生了疑问：神学真的是万能的吗？圣哲亚里士多德的哲学观点真的是千古不变的真理吗？伽利略的内心出现了波动。

芬琴齐奥听完伽利略对这件事的叙述和评论之后，他感到惊异，伽利略通过这件事已对神学和圣哲学说产生了似隐似现的怀疑。这是个很严肃的问题，可以说是个危险的信号。看来，伽利略是"江山易改，本性难移"呀。

芬琴齐奥内心很犹豫，他觉得儿子的头脑中仍残留着那些愚蠢的、容易惹是生非的胡思乱想，这孩子的倔强、狂妄的个性仍没有改变，这可不得了！倘若他成为修道士后，忽然有一天在意识上觉醒了，对自己一度热衷膜拜的神学和哲学产生怀疑，他的那种个性一旦外露，就会四处树敌，引起轩然大波。他如果和那些对他的前程极有影响力的教士们发生争执就糟糕透了，这将会影响他的未来升迁，与神学开玩笑可不是好玩的！反抗和推翻神学的行为就更可怕了，结局最终是反叛者失败。

伽利略虽然有些怀疑，但仍对宗教神学深信不疑，愿意探讨和研究、发展和完善神学的有关内容，使自己成为一名研究神学的教授。偏重于研究，他也就难以当上主教了。与其那样，这修道士就做得没有意义了。

芬琴齐奥开始为伽利略的前途感到不安，他希望伽利略能够深思熟虑后，再选择是否要做修道士。受宗教情感诱惑的伽利略对父亲的劝告很不以为然。

不久，伽利略收到瓦朗布罗萨修道院的通知：修道院准备吸收他为见习修道士。

伽利略心里甭提有多高兴了："太好了，自己的理想就要实现了。"看到老师和同学们投来的羡慕的目光，伽利略感到十分自豪和骄傲。

伽利略想尽快地把这个喜讯告诉父亲。于是，伽利略特地向校长请了假，兴冲冲地赶回佛罗伦萨的家中，一进门，就激动地大叫："爸爸，我快成为见习修道士了！"

芬琴齐奥却毫无表情地坐在椅子上纹丝没动。

叫喊了一阵的伽利略发现父亲无动于衷，心里有些奇怪，就问："爸爸，您好像有心事，您难道不为我的幸运而感到高兴吗？"

"伽利略，"芬琴齐奥开口说话了，"你真的愿意终身成为修道士吗?"

"是的,爸爸,我愿把自己的一生献给宗教事业,研究神学的奥秘,成为一名大神学家。"

"既然如此,我没有什么可说了,既不支持你,也不反对你,路,靠你自己走。不过,我还是想问你一个问题,如果你有一天忽然发现,神学的理论是根本站不住脚的,是虚伪和荒谬的,你会怎么办呢?"

"爸爸,您为什么提出这么不现实的问题?假如真像您说的那样,我就要千方百计地弄懂神学的哲学精髓,追根究底,弄清它的本源,寻找到确凿的事实和合情合理的根据,否则,我要在理论上推翻它,我对什么都不愿意盲目信仰和追求。"

"住嘴!伽利略,你的胆子太大了,竟妄想推翻有千余年历史的神学,你还是个十几岁的娃娃,实在是太自不量力了!"芬琴齐奥非常生气地对伽利略吼了起来。

见父亲发这么大的火,伽利略不敢再吭声了。

沉默了一段时间,芬琴齐奥的心总算平静下来,他很严肃地问伽利略:"你想做修道士的初衷就是要改变神学的现状,以你自己的意志独创一门新神学吗?"

"这……这当然不是!但如果真像您刚才预料的那样,认为神学是一门虚伪的哲学,我是想要修正的,并且一定会这样做!"伽利略的倔脾气又上来了。

芬琴齐奥耐着性子对伽利略说:"当我从你嘴里第一次

听到你要做修道士的决定后，我就陷入了思考，分析你的选择对不对，我认为，修道院里那种枯燥乏味的生活、死板的清规戒律，最终只会窒息一个人的智慧和思想。你从小就是个活泼好动、愿意思考，对任何事情都喜欢追根问底的孩子，你这种性格是不会心甘情愿长期接受宗教教条束缚的，你是忍受不了的。我奉劝你，迷途知返，打消做修道士的念头，将来做个有技术、有本领的人。"

伽利略用心地听着。

第二天，他就返回了瓦朗布罗萨修道院学校。

两个多月过去了，芬琴齐奥没有得到有关伽利略的消息，他有些着急了，就搭乘着一辆去修道院送货的马车来找伽利略。

儿子看到父亲来了，没有什么惊喜，只是用平和的语气告诉父亲，再过两天，修道院就要为伽利略举行见习修道士的洗礼了。

芬琴齐奥听后，立即拉着儿子到校长那里借故请假。满头银发的校长准了假，对芬琴齐奥说："你为主培养了一位聪明的信徒。千万不要忘了两天后为他举行的洗礼！你也要光临呀！"芬琴齐奥口是心非地答应着，拉着伽利略急忙离开了修道院学校。

回到家中，芬琴齐奥明确地告诉伽利略：不允许他成为修道士。

转眼两天过去了，洗礼的日子到了，父亲却坚决不让伽利略参加。

接连几天，伽利略都闷闷不乐，甚至连饭都不想吃，母亲茉莉亚十分着急，却无能为力。他们父子俩的脾气都太倔了，互不相让。这样下去，怎么能行呢？

于是，茉莉亚一边耐心地安慰着儿子，一边劝说自己的丈夫。

茉莉亚埋怨着对丈夫说："你太犟了，你不应该干预孩子的决定，伽利略当修道士有什么不好呢？大家都知道，做修道士是高尚尊贵的差使，是上帝的使者、神学的传播者，可你却百般阻挠，太不近人情了吧！"

"什么上帝的使者？骗子！"芬琴齐奥愤然骂道，"我们都相信上帝这么多年了，上帝给予我们什么了？大概只有贫穷。而我不想让儿子重走父母的老路，更不能让他成为修道士后去和宗教神学作对，不然的话，宗教裁判所一定会严惩他的叛逆行为的。所以，我不能眼看自己有天赋的儿子跳进宗教的陷阱和神学的火坑。我要让他成为一个有高超技艺的人。"

"你这是在亵渎上帝，简直不可救药。"茉莉亚不停地埋怨着。

父母争论得不可开交。

此时，伽利略正坐在隔壁自己的小房间里静静地用心地听着，他开始认真思考父亲的话了。

渐渐地，他理解了父亲的苦衷。

伽利略迈着沉重的脚步走进了父亲的房间，"爸爸，我听从您的劝告！"在说这句话时，伽利略的眼中盈满了泪水，毕竟，他的第一次人生道路上的选择失败了，伽利略的心里十分难过。

"这很好，我的孩子，"芬琴齐奥慈祥地笑了，他语重心长地说，"我并不是凭借长辈的主观武断，让你放弃自己的选择，我是基于三个方面的考虑：对你身上的长处和短处的了解；对宗教和修道士生活的了解；对科学的了解。俗话说，知子莫若父，我想，你将来的选择应放在科学方面，在具体的选择点上，我希望你落实到医学上，因为医生的收入高出一般职业几十倍，凭你的天赋，经过一番学习和实践，是会成为一名医术高超的医生的。"

"可是，我确实不喜欢学医，对医术，我不感兴趣。"伽利略有些焦急地申辩。

芬琴齐奥却显得很有耐心，他继续劝说道："你是个孝顺、懂事的孩子。已有 15 岁了，我和你母亲都很希望你能帮助我们做些事，减轻一下家里的负担，你的两个妹妹和弟弟米盖都逐渐长大了。如果没有你的帮助，将来他的上学费用以及你的两个妹妹的嫁妆，都是我一个人无法承受的。还有我和你母亲都盼望晚年能有宁静的生活，而这些都取决于你。我要凑足钱，送你到比萨大学去学习医学，从那里毕业后，你就可以行医了。医生的职业收入最高，又很受人们的尊敬，远比从事科学研究和做修道士好得多！

你明白吗?"

伽利略咬着嘴唇,低下了头,半天不语。他心想:自己不辞而别,修道院为自己举行的见习修道士的洗礼也没能去参加,这怎么办呢?

芬琴齐奥似乎早已洞察伽利略的心理,说道:"瓦朗布罗萨修道院学校那里由我去解释,你放心好了。你现已完成了学业,不必再去了。"

伽利略无可奈何地点了点头。

儿子的表态,让芬琴齐奥很欣慰,心里感到十分轻松。

芬琴齐奥"安顿"好了伽利略,就又重新返回瓦朗布罗萨修道院学校,遗憾地对校长说:"先生,实在抱歉,伽利略回家突患急性眼病,听医生说,如果他再看书,双目就有失明的危险。我想,最好让他退学休养,否则他的身心就垮了,可怜的孩子才 15 岁,以后的人生路还长着呢。校长先生,您能同意我的请求吗?"

"啊,一个天才因疾病中途辍学。天主啊,这是一件多么令人遗憾的事。芬琴齐奥先生,为了伽利略的健康,我只好同意你的请求!让伽利略好自为之吧。"仁慈的校长眼含泪花,惋惜地说。

芬琴齐奥对校长表示了感谢后就离开了学校。

伽利略至此结束了在瓦朗布罗萨修道院学校的近 5 年的学习生涯。

等到父亲凑足了钱交了学费,他就重回到出生地比萨,到比萨大学去攻读医科专业。

伽利略尽管内心仍是一百个不情愿，但父命难违，他只能暂时屈从父亲的安排。

第三节 质 疑 真 理

芬琴齐奥煞费苦心说服了倔强的伽利略，让他从儿子身上看到了未来美好、舒适生活的希望。

进入比萨大学的学费是非常昂贵的，为了能使儿子尽快入学，芬琴齐奥拼命地揽生意赚钱，起早贪黑，披星戴月，时常回家后连饭都不想吃，疲乏得全身像散架一样，倒床便睡。

伽利略很心疼父亲，他劝父亲不要太过操劳，免得累坏了身体。

可父亲却说："没关系的，爸爸付出多少都没什么，只是你将来千万不要辜负我对你的希望啊！"

伽利略心中暗下决心，等将来自己事业成功了，一定要好好地孝顺年迈的父亲。

作为父亲的芬琴齐奥还要为儿子寻找进入比萨大学的推荐人。因为，想要到比萨大学读书，除了缴纳数目可观的学费外，还必须要有学识水平高的知名人士的推荐才行，否则，学校是不会接纳的。为此，芬琴齐奥找了许多天，也没有找到合适的推荐人。

伽利略趁这段空闲时间在家里与弟弟、妹妹嬉戏，他显得童心未泯，经常制作一些小玩具给弟弟妹妹，伽利略将这些玩具装上转盘和滑轮，它们就可以进行机械运动，兄妹四人玩得十分开心。

伽利略更多的时间是在读书中度过的。他从公共图书馆借了一些亚里士多德写的书，认真研读，想从中找出解释自己观察到的奇妙现象的理论依据。然而，他失望了，除了体会到圣哲理论的"高深"和逻辑强这两点之外，他简直一无所获，尤其是亚里士多德理论中的被后人推崇的一些"经典"，伽利略读了多遍，也难以理解，真是形如"天书"。在读书中发现的这么多问题，伽利略心中不免生出疑惑：圣哲的理论距现实这么久远，无法解答现实生活中的问题，可为什么人们还这么推崇他呢？

也许，就是从这时起，伽利略开始对被奉若"神明"的亚里士多德理论产生了怀疑。

伽利略听人说过，哥白尼、布鲁诺这两位科学家的观点新颖、大胆，具有强烈的现实性、科学性，但却在许多方面与亚里士多德的理论格格不入。伽利略在内心非常渴望拜读到两位科学大师的著作。只可惜他们的著作都是"禁书"，根本借不到。伽利略几次对父亲软磨硬泡，央求父亲满足自己的愿望。父亲将他狠狠训斥了一顿，严词拒绝了他的"危险"要求。

转眼间,1580 年到来了。伽利略以一种复杂的心情迎接着自己的第 16 个年轮。

他一直在等待着去比萨大学读书时刻的到来。

父亲仍然在为他奔波着、忙碌着,他的身体变得明显衰弱了,背也驼得更厉害了。

伽利略执意要求到铺子里帮助父亲料理生意。

于是,伽利略就成了毛织品销售店的"小老板"兼伙计。

伽利略对生意上的事毫无兴趣,常常心不在焉,有时一边看书,一边售货,找错了钱也不知道。父亲见他这样,又不好过多地指责他,害怕惹急了伽利略,坏了"学医"大事。父亲后来就派他往返于佛罗伦萨和比萨城,接货送货。

一次,伽利略到比萨城送完货后,来到比萨斜塔旁闲逛。忽然,有人拍了一下他的肩膀,伽利略回头一看,见一位衣着考究、气宇轩昂的中年人正对着他笑。"是您啊!"伽利略连忙向那位中年人深深地鞠了个躬。原来,这位中年人就是当年伽利略在比萨小学读书时常借给他书看的那位老师。

老师连忙询问了伽利略几年来各方面的情况,当听说伽利略因没有知名人士的引荐,难以进入比萨大学学习这件事后,这位热心肠的老师立刻表示他愿意帮忙。

伽利略惊喜万分,连声道谢。

师生两人又谈起了读书的事。老师得知伽利略想阅读哥白尼、布鲁诺的著作时，神秘地笑了笑，低声说道："我有，到我那里去取。"

这对伽利略来说，可谓大吃一惊，老师那里竟有"禁书"！他极度兴奋地跟着老师去取自己梦寐以求的两位科学家的著作。

回到佛罗伦萨后，他借故晚上在铺子里看护货物，宿于铺子之中，在微弱的油灯光线下，他如饥似渴地阅读哥白尼和布鲁诺的著作。天啊，这真是一个新鲜的世界。哥白尼、布鲁诺的观点具有开创性和科学性。从哥白尼的书中，伽利略明白了一个客观事实：地球围绕自己的轴心自转，月亮围绕着地球转，地球和其他所有行星围绕太阳公转。这就是哥白尼著名的"日心说"理论。

伽利略在读两位大师的著作时，最喜欢看的是哥白尼、布鲁诺对亚里士多德理论的大胆批驳。如亚里士多德认为：一切运动的物体必定是为某一物体所推动，因为，它既然不可能寓运动的本原于自身，那显然是被其他物体推动。亚里士多德否定"自动"的可能性，相信有"原动力"存在，而"原动力"就是上帝。在宇宙之外，上帝推动宇宙运转。哥白尼则针锋相对地提出"自动"学说，他认为，如果设定地球运转，就必须承认，这种运转是自然的而绝非强制的。他对"上帝"的存在予以否定，这种观点是对亚里士多德的运动学说的毁灭性打击。布鲁诺在批驳中则更进了一步，他认为，既然地球没有任何外力的支托和推动，在空间运动只是靠它自身内部的本原，那这一思想也应推及其他天体。恒星只是因为遥远，我们才觉得它们静止不动，宇宙中有无数个"恒星"，围绕着它们有无数个"行星"在转动。

也许这些比较深奥的宇宙观的争论对于伽利略来说难以理解，但他却能感觉到圣哲亚里士多德理论的"苍白无力"和哥白尼、布鲁诺理论的"真实可信、咄咄逼人"，从哥白尼、布鲁诺的理论中，伽利略感受到一种神奇的力量。

伽利略对亚里士多德理论的崇拜成分明显减少了，而怀疑的成分增多了，他渴望能够早日进入比萨大学读书，那里博学多识的教授们一定能解答他心中的疑问。

此时，与伽利略关系密切的那位比萨小学老师兴冲冲地告知伽利略：比萨城有一位知名的贵族人士，他已同意做伽利略进比萨大学学习的推荐人。伽利略激动得与那位老师紧紧拥抱。

好事成双，父亲从外地回来了，他赚了一笔数目可观的钱，已经凑够伽利略上大学的费用了。

伽利略十分顺利地通过了比萨大学的入学考试。1581年，17岁的伽利略终于遵照父亲的意愿进入比萨大学攻读医学。

伽利略虽然读的是医科，但学习的理论课仍是亚里士多德的哲学。

对这位圣哲的学说理论，伽利略已接触了许多，并在心中产生了不少疑问。一入大学，他就开始学习亚氏理论，这很符合伽利略的心愿，他正想利用这个机会研究和探讨亚里士多德的哲学内涵。或许他在以前阅读时因理解能力有限而误解了这位圣哲，这一念头此时在伽利略的脑海中反复涌现。他把希望寄托在教授们的身上，认为这些博学广识的教授一定会帮助他解除对亚里士多德学说所存在的一些误解和怀疑。

听了一段时间的课后，伽利略感到很失望。原因是他在课堂上表现得太活跃、太"聪明"了，每当老师在课堂上讲授内容时，他总是不失时机地问这问那，他在老师的眼中成了不安心听课的学生。

"尊敬的老师，你们说亚里士多德的理论是永远正确的，然而亚里士多德生活的年代距现在已快两千年了，许多事物都发生了变化，把他当时认识事物的观点运用到今天的事物之中，是不是已经不合适了呢？"伽利略不服气地争辩着。

"亚里士多德的学说是绝对正确的真理，而真理是毋庸置疑的。"老师们傲慢地说。

老师的"训斥"使伽利略沉默了一段时间，通过对老师讲授的亚氏理论进行分析，他变得越发困惑不解了。

于是，课余时间，伽利略常对他的同学们说："圣哲亚里士多德理论并不句句是真理，他仅了解了世界的一个很狭小的角落，认识上的偏颇是在所难免的，他所处的时代离我们现实的今天相距太遥远了，人类生活总是不断有新的发现、新的认识。因此，我们一定要向生活学习，不能只学书本中的内容，盲目听从亚里士多德的学说。其实，他理论中的一些论述是站不住脚的。"

这番谈话，在他的同学中间"炸响"，有的同学认为是"异端邪说"；有的同学则认为是"启窗清风"。

"伽利略，不要乱说，千万不要陷入怀疑圣哲理论的泥潭中不能自拔，悬崖勒马吧！"

"聪明的伽利略，别让多疑的'魔鬼'迷住你智慧之眼，耽误了你的美好前程。"

面对着这无休止的"规劝"和"警告"，伽利略情绪低落，叹息不止。

有关医学的理论课和解剖实验课是医科学生主要的专业课。伽利略虽然爱好广泛，但却不喜欢学医，学习医科只是迫于父亲的压力。在学习具体的医学知识时，伽利略感到这些医学课程也掺杂着亚里士多德的理论，他逐渐对医学课程厌烦起来。

他简直不敢相信，老师在讲授怎样检查病人的病因时，竟说运用占星术可以获得详细结果，而且连意大利最著名的医生都使用这种方法。老师们只是照本宣科，不鼓励学生们自己去做实验，也不允许他们根据患者的病情，去发现患病的原因，以便对症下药。

至于医学解剖课，更是乏味，老师只是根据书本的内容，说明器官的组织，或是由老师讲解，几名高年级学生帮忙，摆弄着人的肢体教具，毫无真实感可言。偶尔，有一个人体供给解剖课程教学，授课的老师不会让学生亲自解剖，而是和自己的助手一起动手解剖。学生们只能站在一侧眼睁睁地看着。

据说，几百年来，医学一直沿用这种方法教学，无人敢反驳。

通过一段时间的学习，伽利略对医学的热情越来越少。

他在课堂上越发变得"大胆"了，常常提一些令老师尴尬的问题，如："老师，您能否用事实来证明您刚才讲授的理论是正确的？"老师则在讲台上气红了脸，生气地说："根据逻辑推理，事实就是如此，书本上就是这么讲的。"

有一天，比萨大学一位学识渊博的教授正在课堂上认真地讲解亚氏理论，并告诉同学们亚里士多德的观点是永远正确、绝对不能提出异议的真理，等等。

"请问，尊敬的教授，难道亚里士多德就没犯过错误吗？"伽利略又站起来问。

"这当然是不可能的！怎么又是你，伽利略，你怎么能怀疑圣哲的理论呢？"教授气呼呼地反问。

"我觉得圣哲也一定会犯错误的！这种理论中存在的错误，仍被我们当成真理，岂不是要把我们引向误区吗？"伽利略进一步逼问。

他的话一出，教室里顿时哗然。

比萨大学自建校以来，还没有人敢在课堂上公开指责和怀疑圣哲亚里士多德的学说，伽利略是第一个。

"你实在太放肆了，竟敢怀疑圣哲的千年真理！"教授声嘶力竭地喊道，"你的思想很危险，你知道吗，怀疑圣哲就如同怀疑上帝！难道你想为哥白尼、布鲁诺这两个对抗教会的异端分子的谬论辩护吗？你还想重蹈他们的覆辙吗？"

伽利略感到很委屈，他毕竟是个刚满 17 岁的青年，面对这个"权威"的无情挖苦和训斥，他真是难以承受，但倔强的伽利略并没有低头认错。

教授见伽利略毫无悔改之意，更加生气，他冷冷地对伽利略说："年轻人，如果你今后对你的妄想和叛逆行为不悔过，不谨言慎行，不尊重师长，那么，我的课堂是不欢迎你的。现在，请你出去吧！"

顿时，平素与伽利略不友好的同学发出了一阵幸灾乐祸的嘲笑声，一些人也附和着教授的腔调指责他："怀疑圣哲学说是要遭到惩罚的！"

"他还想为哥白尼、布鲁诺的邪说辩解，真是太可恶了。"

"快让他到教堂，跪在上帝的面前忏悔赎罪去吧！啊，仁慈的上帝，快拯救伽利略这个不安分的灵魂吧！"

伽利略深感羞辱地在嘲笑和谩骂声中离开了教室。

总有一天，我要用事实验斥亚里士多德学说！年少的他在心中默默发誓。

他漫步在校园里，百思不解地问自己：难道寻找真理是错误吗？教授和那些同学为什么这样怨恨自己呢？他坚信，自己的举动没有错。

在后来的课堂上，伽利略不再反驳老师了。老师们误认为他接受了批评、"迷途知返"了，也就不再请他"出去"了。表面上他们彼此相安无事。

其实，伽利略对他的哲学、医学老师们已不抱任何希望了。他深切地认识到，这些先生们只是亚里士多德理论的传声筒，他们根本不可能传播真理。

他开始自己探寻一些问题的答案。

他经常逃课去偷听有关数学、物理方面的课程。当时在比萨大学能讲授数学、物理的教授很少，因为这些学科都是"小学科"，是为哲学、神学、医学等大学科服务的，这种课程设置注定了数学和物理也不可避免地要受到神学、哲学的影响，但即使是这样，伽利略还是通过对这两门课的学习掌握了一些具有科学意义的定理和计算方法。

伽利略非常喜欢用实验的方法来解答自己的一些问题，如称一称物体的重量，测量一下它们的体积。在实验中，他感到动手测试与数字计算一样重要。

伽利略非常崇拜古代科学家阿基米德，因为阿基米德是位非常注重实验的科学家。阿基米德和亚里士多德虽然同为古代科学巨人，但阿基米德更注重运用实验的方法，来验证自己的学说。阿基米德才称得上是一位真正的科学家。

当然，在伽利略善于思考的头脑中，还有许多问题是不能用他现在的简单实验方法解决的，如：为什么物体总是往地面落，却不是反向升到天空中？为什么船会浮在水面上而不下沉，而一块石头落入水中却沉下去了呢……

伽利略想通过自己的实验找出问题的答案。

伽利略的这些举动表明，他已不仅满足于观察，而开始探寻能够证明其"理论"的决定性实验，他运用自己所掌握的一些几何知识，将事物化简为数量，认真观察，看看是否能推导出某种可以简单而概括地描述一种现象的数学关系。这种方法，伽利略是受到古代科学家阿基米德的启发而想出来的。

在实验中，伽利略在获得准确的客观结果的同时，也继承了古希腊人喜好推理的好传统。

伽利略的定量实验方法，为近代实验科学的兴起奠定了基础。定量实验法，后来成为人们在科学研究中的一种重要的方法。

第三章

不懈的坚持

　　伽利略在比萨斜塔进行了著名的"比萨斜塔重力实验"证实了密度或性质相同的物体的下降速度是相同的。他对亚里士多德一些理论的质疑和否定引起比萨大学一些教授的强烈不满，使伽利略愤然离开比萨大学。不久，伽利略到帕多瓦大学执教，在那里伽利略开始了新的生活。

第一节　敢于质疑，勇于挑战

1589 年，伽利略凭借着自己渊博的学识和过人的能力，成为比萨大学的一名教授，并且深受学生们的喜爱。

25 岁的伽利略，是一个热情的学者，也是一个精力充沛的教师，每天除了完成学校安排给他的课程以外，他继续用心研究、观察各种自然现象，他的大多数课余时间都是在科学实验中度过的。他说，他忙于实验的目的是要重新检验亚里士多德有关科学的学说，而不是把这些学说当成"圣经"来接受。他认为，发现真理、获得真理的途径，不是靠背诵亚里士多德的著作，不能迷信某一个名人，而是要走进大自然，从实践中寻求真理。

由于伽利略经常发表"狂妄"的言论，比萨大学的教授们对他恨之入骨，他们到处侮辱、谩骂伽利略："这个不知天高地厚的后生小子想要干什么？他竟然把亚里士多德的神圣卷帙从书架上搬走，取而代之的是滑稽的绳索、锡块、杠杆和圆形的、多角形的、平面的各种各样的物品。这些小孩子玩的东西，怎么可以作为严肃地研究宇宙秘密的工具呢？"

对于亚里士多德派教授的指责、威胁，年轻的伽利略并没感到害怕，他仍然坚持着他的科学实验。在比萨任教的第二年，伽利略在实验的基础上写了一篇《论重力》的长篇科学论文，第一次提出了自由落体定律。根据这个定律，物体无论大小轻重，在自由下落的过程中，若不计空气阻力产生的影响，它们的加速度完全相同，由此否认了亚里士多德提出的"重的物体落地快，轻的物体落地慢"的理论。

在当时一般人眼中，对于世界规律的解释，除了上帝之外，只有亚里士多德是对的。伽利略，一个二十多岁的年轻人，竟敢否认被人崇拜了近两千年的希腊圣人的定律，真可谓"大逆不道"。伽利略提出的自由落体定律使比萨大学的亚里士多德派教授们异常愤怒，他们群起围攻伽利略，坚持认为他在胡说八道，"除了傻瓜之外，没有人会相信一根羽毛同一颗炮弹能以同样的加速度通过空间下降"。他们下决心要揭穿伽利略的荒唐，要迫使他在学校的全体教授和学生面前出丑。

伽利略是很乐于接受这个挑战的，他有信心做一次大型实验来证明自己的想法是正确的。

一天晚上，在大家饮酒聊天的时候，伽利略向他的几个非常要好的朋友说："我有办法了！明天——不，后天——不，一个礼拜后最合适。我需要有足够的时间先行私下做个试验，然后再找出见证。我要恭请全校的教职员、学生，还有比萨城的全体市民来看，我从比萨斜塔上丢下两个重量不同的铁球，大家都会看到这两个铁球是同时到达地面的。"

接着，伽利略又严肃地告诉朋友们："好了，现在你们都回去！今天晚上我讲的话，不要告诉别人，等到你们接到我的通知后再说，我把时间公布在学校中央讲演大厦的公告栏中，你们可以邀请各位教授光临。"

比萨斜塔始建于 1173 年，塔高 54.5 米，由于塔基比较软，所以塔身有点斜倾，因而才叫比萨斜塔。伽利略很小的时候就常到塔顶上去玩，这里确实是进行实验的好场所。著名的比萨斜塔重力实验，就定在一个星期后的一天中午。

指定的日子到了，教授们穿着他们的紫色丝绒长袍，整队来到塔前。大家吵吵嚷嚷，兴高采烈，准备看伽利略出洋相，对他的人品宣判死刑。

一位修表师傅从教堂广场经过，看见大教堂的前面聚集了很多人。

"打扰一下，请问，"修表师傅向旁边那位大学生问道，"这里发生了什么事？"

"我们新来的数学教授伽利略先生，打算向我们证明，迄今为止关于物体降落的学说是错误的。"年轻人回答道。

"您能不能和我说得详细些，伽利略究竟要证实什么？"修表师傅又问道，他似乎对任何技术新闻都感兴趣。

"我们的物理学家都断言：物体越重，下落得就越快。"大学生解释道。

"那是当然了！"修表人赞同地说道，"这是一个明摆着的事实：石头比麦秸秆下落的速度要快得多。"

"其实不是那样的，"大学生继续说道，"这里指的是密度或性质相同的物体的下降速度问题。比如两块石头，两块铁或者是两个木球。"

"那也不对啊，"修表人大声说道，"连一个小孩都明白这样的道理：一块石头比另一块石头重 10 倍，那么，它的下落速度就必然比另一块轻的石头要快上 10 倍。"

"我们大家都这么认为，亚里士多德也是这么写的，可是，我们新来的教授却否定了这种说法，他打算向我们证明他是正确的。他断定相同物质的物体下落速度是相同的，空气的阻力引起的差异是微不足道的。可是，真对不起，我得赶紧走了，我不想错过这次实验。"

"什么实验？"修表人冲学生的背后喊道，但没有得到答复，学生已经走远了。

修表人摆脱不掉自己强烈的好奇心，于是，他也赶忙跟着学生往斜塔走去。

中午时分，斜塔前面成半圆形围满了人，不仅有比萨大学的教授、学生，还有比萨城的一些市民。关于伽利略的理论，人们早有耳闻。今天到这里来就是为了能亲眼看一看这从未见过的新鲜事。因为，直到现在还从未有人想到通过实验来验证亚里士多德的运动理论。大家也一直觉得没有必要做这样的验证，难道亚里士多德还会错？许多人都是这样想的。

　　伽利略出现在离人群不远的地方，他满怀信心，望着眼前有这么多的围观者，他的心中很难平静。他看到了几位教授，有的脸上还挂着藐视的神情，他又看到了人群中的几位修道士。

　　靠近斜塔入口处，一位老教授迟疑了一下，对伽利略说："我们正在争辩，做这样的表演是否有意义。万一失败了呢？"

　　"绝不会失败。"伽利略信心百倍地说。他转身向等候在钟楼门口的两位弟子打招呼，他们的手中各拿着一个滴漏计。

　　伽利略反复地叮嘱他们一定要站在能看见他在塔顶上做手势信号的地方。然后，他转向人群，简单地讲解了这次实验的目的，他说："我的左手拿着一个小铁球，重量是1磅；我的右手拿着一个大铁球，重量是10磅。假若有人不相信请上前来试拿一下，马上就可以明白这两个铁球的重量确实相差很大。我们大部分的人都知道，亚里士多德的理论是：不同重量的物体，如在同一高度同时掉下，到达地面的时间则不同。"

　　有一位教授怒声挑战："是的，较重的物体下落时间和它的重量成正比，你右手拿的较大的一个会比你左手拿的那个快10倍。"

　　伽利略并没有回应他的话，而是继续解释着。这时，群众的兴趣也越来越浓厚了，大家尽力往前挤，都想一看究竟。

"你们将看到，我倚靠在你们头顶的栏杆上，双手上举，算是一个信号，让这两个年轻人注意着我同时把球丢下来。这滴漏计时器已调整好，它能将这两个球落在地上的时间记录下来。"

同时，伽利略又叮嘱大家说："为了大家的安全，请大家站得靠后一点。当然，我会让这两个球直线下落，不会伤害到任何一个人。"

伽利略进入塔中的时候，城内正午时刻的钟声刚好敲响。他快步上到塔顶，围观的群众看到了他的头、肩从塔顶栏杆边露了出来。他身穿的长袍的袖子在微风中飘动。只见他双臂上举做出了准备的信号，并向下面围观的人群大声喊道："现在，请大家认真观看。"

同一时刻，伽利略把两个球从斜塔上丢了下去。

同一时刻，两个球落到了地面。

手执滴漏计的两个青年首先打破寂静："老师，时间相同；老师，没有一秒的差别！"他们大声向塔顶上的伽利略喊道。

群众也立刻喧哗起来。

"真的是相同的时间。"

"你应该相信你的眼睛了吧！"

"滴漏计是不会骗人的。"

"伽利略说对了!"人们喊道,"两个球是同时落地的。"

由于兴奋,伽利略的双眼闪着成功的喜悦,实验成功了,他刚才证明了旧的落体学说是错误的,他的观点是正确的。

响起的掌声和赞美声,很快又被一些反对者的声音给压倒了。

"两个球的重量差别太小了,因此,它们下降的速度就很难看出来。"反对者大声喊道。

伽利略早就预料到这种反对意见。于是,他从身后拿出另外两个准备好的石球,一个有鸡蛋那样大小,另一个则大得多,他举起双手,再次向塔下发出信号。

两个石球同时离手。

两个石球又几乎同时落到地面上。

这次实验又成功了。

这次不同寻常的实验结果惊动了比萨全城的每个家庭、作坊和商店。甚至在大街上,当然还有在大学校园里,人们谈话的主题往往都会涉及这位年轻的伽利略教授所做的实验。

伽利略的学生们当然很高兴。他们把老师的论文《论重力》抄写了许多份,分别寄给各个国家的科学家,这使伽利略声名远扬,而且让他结交了许多朋友。

但是,奇妙的实验结果还是说服不了那些老教授,他们仍然说伽利略错了。尽管他们的眼睛就是见证,但他们依旧宣传亚里士多德的学说，继续排斥伽利略。

伽利略没有因为受到排挤而心灰意冷，他照常进行他那不合乎常规的教学，继续向学生讲解他的重力理论。

在比萨大学任教期间，伽利略常常因为不合常规的教学引起非议，也常因为不合常规的生活方式屡屡遭到学校当局和亚里士多德派教授的抨击。

比萨大学有明确的规定，教授无论在教室内或街上都必须穿长袍。伽利略坚决不遵守这一条，他认为这是一条荒唐透顶的规定。他坚持说穿长袍妨碍他走路，他一向主张自由自在，无论是思想上还是身体上，他甚至说，传统的服装，如同传统的思想一样，是魔鬼发明的。由于伽利略经常违反这条规定，他多次被迫从微薄的薪水中付出罚金。大学当局对伽利略这位"叛逆分子"的行为也表示无法忍受，极力寻找借口把伽利略赶出大学校门，他们的理由仅仅是像这样违抗时代的人不适合担任大学教授的职位。借口没过多久就找到了，柯西摩一世的私生子佐丹尼，他自视为当代一位了不起的机械学家，发明了一种疏浚河道的机器，打算用它来疏通港口。一架样机送到伽利略那里，让他进行检验，伽利略在他的报告中说：机器的设计者显然表现了非凡的才能，但必须指出，这种机械是没有使用价值的。

佐丹尼看了伽利略的报告后十分气愤。为了证明伽利略的判断是错误的，他马上下令照原模型制造并进行试用，可结果仍然证明这一发明是失败的。

佐丹尼接受不了这样的结果。他跑到柯西摩一世那里，告诉父亲说伽利略如何轻视他。柯西摩听信了儿子的话，对伽利略产生了厌恶感，并在盛怒之下，勒令比萨大学撤销伽利略的教授职务，柯西摩一世的态度与学校当局不谋而合。这时，那些一向反对伽利略的教授们开始纷纷攻击他，并煽动一些不明真相的学生起哄。在此情况下，伽利略深感难堪，愤然离开了比萨大学，回到了佛罗伦萨。

第二节　回　到　家　乡

伽利略回到家里，正赶上他父亲病重去世，剩下母亲及他们兄妹。弟弟米盖尚无能力供养母亲，妹妹维姬尼亚和利维亚前途无望，只有结婚和做修女两个途径，可她们俩都没有做修女的想法，伽利略作为家中的长子，是家里的顶梁柱，他慷慨地答应替她们准备嫁妆。然而，伽利略也是两手空空，在比萨大学任教期间，他不仅在荣誉上受到损害，而且在经济上也十分拮据，并未存下钱。像这样窘迫的情形，怎么来养家糊口呢？幸好伽利略有一些有权有势的好朋友，他们都非常崇拜伽利略。

为了改变现有的经济状况，伽利略鼓足勇气向两三个大学写了求职信，也和一些要好的朋友进行联系，并且亲自去拜访了他在比萨未受攻击之前就认识的老朋友们，向他们寻求帮助。

这时，帕多瓦大学正好缺少一名数学教师，几位有影响力的朋友就写信给伽利略，让他尽快寄来申请书，想尽力促成此事。伽利略却担心会面临又一次失望。他心情沉重，充满不安，最后决定去威尼斯旅行，这样他可以见到一些有权控制帕多瓦大学的人。

他永远不会忘记年轻时在佛罗伦萨所受的羞辱：觅取资助，寻求工作时尝到的闭门羹，以及寄人篱下乞求面包时的辛酸。现在，情况毕竟有所改变，虽说失欢于比萨大学，但他从事的事业已赢得了意大利很多有名望的科学家的注意，这对于他的名声和前途是有益的。

时隔不久，伽利略收到了一个喜讯，朋友从威尼斯寄来一封信，邀请他去帕多瓦大学执教，任期6年，午薪200块金币。

"这个邀请实在是太令人高兴了！"他高兴地喊了起来。"他们要我去担任数学教授，工资很高，比我在比萨大学时所得的报酬多好几倍，我可以继续做我的实验，用不着把时间浪费在兼课上了。"

在威尼斯，书店里的书籍和印刷品，比欧洲任何地方都丰富。帕多瓦大学摆脱了罗马教廷的枷锁，为各种信仰的人都打开了大门，大部分意大利有名望的学者都喜欢来这里任教。伽利略知道他的机会来了，在这里，他不再害怕因找亚里士多德的差错而受到排挤，尽管也会有人不认同他的观点，但是不会有人轻易侮辱他。

帕多瓦大学是威尼斯文化生活的焦点，也是当时世界上最伟大的学术中心之一。当时，许多有名的大学都是由教堂和寺院发展而成的，但帕多瓦大学在开始的时候却是一所法律学校，它是由所谓的学者"罢教"而成立的。

帕多瓦大学的教授中，有很多人是能接受对亚里士多德的批评的，在这种自由的学术气氛中，伽利略如鱼得水，可以充分施展自己的智慧，一方面尽心尽力地完成其教学任务，另一方面也可以无拘无束地继续他的科学实验。

当他走进教室讲授他的第一堂几何课时，伽利略是多么激动啊！他抑制住内心的兴奋与不安，全神贯注地投入到教学过程中，他以丰富的内容、独到的见解与娴熟的讲授深深地迷住了学生们，也陶醉了他自己。

下课铃响了，教室里响起了雷鸣般的掌声，学生们拥上前来，有的接二连三地问问题，有的只是想走近他，进一步了解这位新来的与众不同的教授。

伽利略的教学非常成功，名声传遍了帕多瓦大学，来听课的人日益增多，教室已容纳不下，学校只好接二连三地给他换教室，尽管已换到全校最大的教室，课堂上仍是座无虚席。

在课余时间，伽利略仍然继续进行他的科学实验，他的实验涉及广泛的理论和实际知识领域，从星宿的轨道一直到战场上的行军作战。虽然他从未在军队中服过役，但伽利略却透彻地掌握了军事工程知识，拥有这种知识可以使他有可能招收一批私人学生——王公贵族和军人，那些以统治或战争作为终生职业的人们。这些私人学生为了取得跟从伽利略学习的机会，互相竞争。伽利略尽量满足他们的要求，他搬进一所较大的房子里，还邀请一些学生搬来与他同住、同吃，这样可以经常利用饭间或其他零散时间，讨论和研究各种各样的问题。

在帕多瓦大学这块自由的天地里，伽利略无忧无虑地、安心地工作着。一有空闲，他就到威尼斯去旅行。威尼斯一些喜欢热闹的人经常举行一些奢侈的晚宴，并配有化装舞会或音乐会等。这种场合同时也是许多人交换艺术、文学或科学新闻资料的最佳时机。伽利略经常参加这样的晚宴，结识朋友，交流思想。在晚宴上，他已不再是敬陪末座的被人遗忘的人了，尽管有时他仍穿着他那破旧的上衣，可那些珠光宝气、身穿绫罗绸缎的客人却喜欢围绕着他，静静地听他讲比萨斜塔上的实验或流体静力学方程式。伽利略满怀信心地讲着，酒酣耳热间，越来越多的人为伽利略的才华所倾倒，这位年轻的教授成了人们关注的重要人物。

也就是在这类晚宴上，年轻的伽利略首次遇见了玛丽娜·甘巴，一个非常美丽的姑娘，她身穿淡雅的服装，戴着只有贞洁妇女才允许佩带的白色面纱。她性格开朗、谈吐优雅，伽利略对她一见钟情，并深深地爱上了她。玛丽娜·甘巴出身寒微，她不是富贵人家的大家闺秀，也没有穿戴珠光宝气的豪华服饰，但伽利略却被她的美貌、高雅的风度及谈笑风生的气质所折服。

第二天，伽利略打听出她的住址后，就带着一束鲜花和一篮水果贸然前去拜访，玛丽娜非常热情地接待了他，因为她也爱上了这个英俊潇洒、年轻有为的小伙子。他们在一起谈天说地，讨论音乐、文学、美术，并广泛涉猎科学方面的问题，他们有说不完的话题，情投意合。很多年以后，当早期的威尼斯生活已变成碧水蓝天般的梦幻时，伽利略仍旧清晰地记得玛丽娜的青春艳丽及如旭日初升般的耀眼光彩，他永远不会忘记当时发生在他们生活中的一幕幕情景：

正午的阳光，从窗格的隙缝中照射进来，落在她那金黄色的头发和唇间咬着的杏仁上，伽利略这才留意到她身材苗条，有着一双极纤细、白嫩的小手。她的手是那样纤柔娇美，伽利略甚至不愿让钻戒、玉镯等装饰品破坏了这种纯美。但他也不是一个吝啬的情郎，为了表达对玛丽娜的爱，他从朋友那里借来一些钱，在金饰店里精心挑选了一副耳环，戴在玛丽娜漂亮的耳垂上，使之摇曳生姿。

伽利略送给玛丽娜的第二件礼物是一条精工细作、镶嵌有深蓝、红和橘黄色宝石的项链。伽利略永远记着玛丽娜戴上这条项链时说的话："伽利略，我真的爱上了你，但我不要你再为我买什么礼物了。我知道你每次给我买礼物，你自己就要挨饿。我只要你写的诗歌。"

有一次，正在弹唱的伽利略看见狭小的运河上，有一艘载满鲜花的平底小船向市场驶去，当船经过他们身边时，伽利略递上一枚小银币给划船人，那船主便送上一束玫瑰花给玛丽娜，看着玛丽娜手拿鲜花，低垂香鬓的娇羞状，伽利略心中十分甜蜜，充满了无法表达的幸福感。

伽利略觉得一个人不可能同时既是一个好哲学家又是一个好丈夫。但他还是想把玛丽娜接过去一块儿住，尽管他也知道，让玛丽娜现在住在他家里是很不合适的，那所房子里尽是学生，而玛丽娜对他的工作又毫无兴趣，时间一长，玛丽娜肯定会不高兴的。

于是，伽利略在原来住宅的附近买了一所房子，布置周全后，把玛丽娜接来，他们一起生活在那里。他白天在学校里忙碌，晚上有时和学生、朋友在一起，有时候跟玛丽娜在一起，生活很美满，伽利略的关节炎时常发作，但有玛丽娜的精心照料，他并不觉得十分痛苦。

1600 年，玛丽娜为伽利略生了一个女儿，伽利略高兴极了，他激动地向朋友们宣告：从此，我要做父亲了！

后来，玛丽娜于 1601 年、1606 年，又相继为他生了一女一男两个孩子，伽利略为两个女儿取了妹妹的名字：大的叫维姬尼亚、小的叫利维亚；为了纪念父亲，他为儿子取名芬新。伽利略很喜欢孩子，在他繁忙的工作之余，经常回来和孩子们在一起，尽享天伦之乐。

但是，伽利略和玛丽娜并没有正式结婚，尽管伽利略对玛丽娜及孩子们的照顾也很周到，但他们还是经常不能和伽利略住在一起，伽利略很爱自己的亲人，但他更爱自己的工作。他不愿意有任何事情扰乱他的心绪。"女人、孩子太爱说话，"伽利略说，"他们常常不停地喧闹，每当我要思考问题时，他们总是说话，做我这种工作，需要安静。"

1599 年，伽利略被帕多瓦大学续聘为数学教授，聘期六年，年薪也由 200 块金币加到 350 块金币，他已是当时意大利薪金最高的数学教授了。他为私人学生授课，也增加了他的收入。此外，他还开了一个铺子，出售他发明的一些产品，如天平、两脚规、测量脉搏的摆锤等。

尽管收入增加了一些，但伽利略仍觉得生活非常拮据，改善家庭财务的设想总是很难实现。佛罗伦萨的老家仍是他最大的负担。他承担起了他父亲去世前因生活艰难所欠下的债务。他还必须留下一部分钱供养母亲，并定时寄钱给小妹利维亚以支付修道院的住宿费与学费。

妹妹维姬尼亚的婚事已使伽利略有好几个晚上无法入睡，她的丈夫是佛罗伦萨的一个官员的儿子，差不多和伽利略一样穷，但男方却坚持要让女方出一份嫁妆以配合家世地位。伽利略写信答应在婚后的一段时间里准备好这笔钱，当时，不知道什么原因，他让米盖签下了这份约定书。

弟弟米盖虽说有些天分，但他既不可靠又有几分懒惰。他和妈妈吵过一架之后，便搬到帕多瓦与哥哥同住，并答应以教授音乐课来维持生计。可事实上他并不热衷于找学生，而且经常迟到，甚至不去上课，连已有的少数几个学生也常常是等不到老师。米盖经常跑到附近的一个酒店去鬼混，这令伽利略十分担心。在负债累累的情况下，他还是凑足了一份比自己的年薪数目还要大的差旅费把弟弟送到波兰去，满足了他想到一位波兰贵族门下工作的愿望。

米盖的问题解决了，新的麻烦又接踵而来。维姬尼亚刚一结婚，她的丈夫就等得不耐烦了，在法庭上状告伽利略，要求他尽快付清拖欠的嫁妆费。为了不让母亲和妹妹受到羞辱，他不得不向大学的财务部请求预支两年的薪金，把钱寄给了维姬尼亚的丈夫，这件事情才算平息下去。

这时，小妹利维亚因耐不住修道院的寂寞生活，已回到了母亲身边，接着便写信给宠爱他的哥哥伽利略，说她的未婚夫是佛罗伦萨有名望的世家，她希望得到比姐姐更丰厚的嫁妆。伽利略尽管心里很犯难，但他还是答应了妹妹的要求。后来，在他的手稿里发现了一张替利维亚准备的购物单：附丝帷的床铺、衣服、丝绒、锦缎、高跟鞋等。

与此同时，伽利略个人的消费也在逐年增加，除了为玛丽娜购置住房以及用于科学仪器的必要开支以外，他还需要承担做父亲的种种责任与义务。尽管这样，他并不吝啬，处理问题时仍显得非常慷慨，他常常拿出做家教的部分收入来负担和他同住一室的学生的住宿费用，对管家也极为大方。

伽利略的健康状况也开始令人担心。他患有严重的关节炎，有时甚至无法工作，必须卧床休息。玛丽娜想亲自服侍他，伽利略却不忍心，宁愿让仆人来承担这一切，他不愿意让依旧健美、年轻的玛丽娜看到自己未老先衰、痛苦不堪的狼狈样子。

生活的重压并没有把他压垮，伽利略依旧参加威尼斯的宴会、舞会、文学朗诵会、嘉年华会、滑稽戏表演以及家庭音乐会等。在音乐会上，他不仅仅是听众而且还是演奏者，因为他是一位极其优秀的鲁特琴手。他甚至还创作了几部滑稽戏，自己亲自扮演某些角色，逗得观众哈哈大笑。

尽管生活中有种种的不如意、不顺利，但伽利略对威尼斯这座城市已产生了深厚的情感，他晚年给朋友的信中曾这样写道："听说你要回帕多瓦去，真叫人羡慕。我在那里度过了我生命中最好的18个寒暑，享受到最高的自由和友谊，使我深深怀念和感激的，不只是帕多瓦，邻近的威尼斯也一样。"

第三节　温度计问世

帕多瓦大学的医科实力雄厚，影响颇大，它不仅拥有意大利一流的医生，而且也进行着一流的研究。教授们不仅常把尸体解剖成块，研究人的四肢和心脏，而且还研究血液的循环规律。

伽利略虽然不是医生，却很想帮助医生。"人生病时，他的血液温度通常会升高，"他常常询问他的学生，"我们怎样才能测出人体内血液的温度呢？"

"老师，这个问题我们是做不到的，"他的学生争辩道，"我们用不同的仪器测量不同的东西。例如，我们用时钟来计算时间，用尺子来测量大小；我们也能称重量，我们能测量罐内的水量，但不能测量水的热度，我们还没有这种仪器。"

"如果我们能测出水的体积变化，也就能测出它的热度变化。我们现在需要做些实验，请递给我那支试管。"

"在试验之前，您能给我们解释一个问题吗？"一个学生问道，"物体是怎样膨胀和收缩的？"

"你们还记得粒子吗？"伽利略答道，"我们讲过，任何物体中的粒子都聚集在一起。当物体受热时，这些粒子不再紧密地聚集，而开始激烈地互相排斥，离开中心，这样物体就变大，膨胀了。清楚了吗？好，现在请你们注意下面要做的实验。"

伽利略一边拿起试管，一边对他的学生说："如果我这样用手握住试管底部，管内空气就会变热，因为我体内的血液是热的。空气和水一样，会膨胀和收缩。试管内的空气正在膨胀。"

他用手握着管子底部，过了一会，接着说："现在我正把试管的上端插入一罐冷水中。假如我把手松开，管内的空气又会变冷。管子变冷后，就会把水吸上来。"

伽利略松开握试管的手说道："你们看见了吗？瞧，管子里的水上升了。"

伽利略用手握着试管。空气逐渐变热，管内的水又下去了。现在他在测量这些变化。

"我们必须在试管上标出一道一道的刻度,"伽利略说,"还得在每道刻度上标明数字,这样就可以用数字测出空气的热度。"

在伽利略的提示下,学生们开始手动把试管标上刻度和数字,然后每个学生都自己做起了实验。当每个学生把手放到玻璃管上后,水总是到达同一刻度,为什么?因为他们的血液始终是同一热度,即相同的"温度"。

伽利略对这个实验的结果很满意。"人生病时,他的血液温度通常升高,要是病人握着试管,管内的水就会升到较高的刻度。这样,医生就知道病人血液的热度了。"伽利略说。

这就是最初的温度计。伽利略的温度计可以测量空气的温度,但他知道这种温度计还不完善,因此他总是尝试着制造更好的温度计。

"显然,水不是制造温度计的理想液体,"他说,"因为水在寒冷的天气里会结冰,而水结冰时体积就会膨胀,那时会发生什么情况呢?"

"试管会被冰崩裂。"

"对。是否各种液体都会结冰呢?我们得实验各种液体,要做许多实验。"

伽利略试验了许多种液体。最后,他试验了酒精。各种烈性酒中都含有酒精,酒精冬天不会结冰,是制造温度计的良好液体。直到今天,人们有时仍采用酒精制造温度计。

在之后的日子里，伽利略的学生继续进行他的这一工作，并提出了新的观点。"有空气就无法制造出优质温度计，"他们说，"我们不能让试管里既有空气又有液体。我们只能要液体，我们必须量出液体的温度。"

他们把酒精放在试管的底部煮沸，酒精就膨胀了，上升到管子的顶部。然后，他们封闭顶部，管内就没有空气了。酒精再次冷却收缩，酒精下降，试管的上部成了真空。这样，他们就能测量酒精的温度，热酒精在管内上升，冷酒精则下降。

在伽利略制造的温度计里，真空能把水抽上来。为什么呢？因为那罐水是开口的，空气可以进入。这样，空气就把水推向管子上部。

在他们制造的新温度计内，真空却不能把液体抽上来。为什么？因为空气进不去，无法把液体往上压。

酒精和水一样，是一种透明液体，放在试管内不易看清。他们把酒精染成红色，这样就能非常容易地看清楚酒精的热胀冷缩，就可以用它来测量温度了。

可是，酒精也存在着一个麻烦：酒精沸腾得太快。他们还能采用什么液体来替代酒精呢？什么样的液体结冰慢、沸腾也慢呢？他们想到了一种物质——水银。

水银是一种非常特殊的液体金属。一般金属都很坚硬，加热时才变软。水银则不同，始终是软的。

水银是制造温度计的理想液体，因为它既能迅速地由热变冷，也能在受热后马上膨胀得很大，所以用它测量温度非常合适。医生把体温表放入病人口中，一分钟后就能正确测出体温。

酒精有时会粘在管壁上，因为灰尘容易进入。水银却没有这一缺点，灰尘进不去。水银也很容易看清楚，用不着染色。

温度计上的数字表示温度的度数。我们现在把84度写成84℃，可是在从前，不同的人在温度计上刻有不同的度数。这样就不能用同一度数来表示同一温度。

"这是一个很大的缺陷，"德国科学家华伦海特说，"温度应该跟尺子一样，每把尺子量出的长度应该是一样的，每个温度计测出的温度也应该是一样的。"1714 年，华伦海特研制了一种特殊的温度计，水沸腾时，温度计就指在212℉（华氏）；水结冰时，温度计就指到32℉。现在，美国和英国，仍然有人使用这种温度计。

1742 年，摄尔修斯制造了另一种温度计，摄尔修斯是瑞典人。在他的温度计上，水到100℃（摄氏）沸腾、0℃结冰，后来许多国家纷纷采用了这种温度计。

尽管后人为改良温度计做了大量的工作，但伽利略的贡献是不可低估的，至今他的思想对医疗事业仍大有帮助。

第四章

热衷天文学

　　伽利略在帕多瓦大学的名气越来越大，他的博学、热心与和蔼使他结交了许多朋友。经过伽利略的潜心研究，他展出了历史上第一架按照科学原理制造出来的望远镜。后来，他又发明显微镜，有力地推动了科学事业的发展。伽利略想让自己的立场和态度得到罗马教廷的认可，于是他踏上了去往罗马的路。

第一节 爱 上 天 文 学

伽利略不时地翻看着学校当局发给他继任六年的聘书，他的心里有着难以言表的激动。他真切地感受到，痛苦的、羞辱的日子已经过去，帕多瓦接纳了他，这里自由的学术空气，对他事业的发展非常有利，他在这里授课、做实验的时间是充足的，心情是愉快的。他曾多次对玛丽娜说：

"我现在是最幸福的人，昔日遭抨击、遭排挤、蒙受耻辱的日子不会再有了，在威尼斯、在帕多瓦大学，科学不会再被扼杀，新思想的传播不会再受阻挠，我可以充分地发挥自己的聪明才智了。当然，从今以后，我也会有更多的时间陪在你和孩子们身边。"

每次听到伽利略发出这样的感慨，看到伽利略那种沉醉在幸福之中的样子，玛丽娜心中有一种说不出的高兴。这个时候，她总会紧紧地靠在伽利略身上，或者把头深深地埋在伽利略的怀里，像初恋时那样，喃喃地说："伽利略，我爱你，你就安心工作，放心地去做你的实验吧，孩子我会抚养好的……"

伽利略是一个虔诚的天主教徒，他认为科学和教义应该是两码事，自己从事实验，探索大自然的变化规律，纠正亚里士多德的一些错误，完全是为了推动科学的发展，并不存在丝毫的要否定宗教教义的念头，为了表达他的虔诚，他经常去教堂做弥撒，他相信上帝不会抛弃他，相反，还会赐福于他的。

在帕多瓦大学的校园里，伽利略的名气越来越大，议论他的人也越来越多。学生们都非常喜欢倾听伽利略关于数学、物理及天文学的新见解，都愿意和他谈论一些有启发性的问题。

伽利略依据科学方法讲解的《军事攻防法规》，很受来帕多瓦大学受训的年轻贵族们的欢迎。当时，这些来听课的人多数来自意大利各地，也有的从欧洲其他地区远道而来。他们来学习的目的，是为了获得有关军事攻击、防守等方面的知识，以便将来能用这些理论和战术来保卫自己的国土。面对着这些将军、贵族的儿孙们，伽利略不禁感慨道："人们为什么要急着学习毁灭敌人的方法，而不热衷于学习他所发现的能为贫苦农民增加粮食的农田灌溉法呢？"他无法预见，在他已发明或即将发明的仪器里面，是否有些东西可能成为某些统治者最有用的武器，但在他的心里，他确实希望，人类能和平安宁，穷人能丰衣足食，国家能兴旺发达。

请伽利略做家教的学生每月都有所增加，很多学生甚至跟他同住，伽利略不但是他们的老师，更是他们的朋友。伽利略非常喜欢与那些奋发向上的学生相处。他虽然没有离开过意大利，但有机会和来自法国、德国、瑞典等国的青年建立深厚的友情。

属于天主教派的帕多瓦，有浓厚的学术气息，各种新思想都不受限制，可以自由传播。即使是那些持反对意见的路德派系的教授也欢迎伽利略讲学，伽利略本人也有宽大的胸襟，从不分什么天主教或路德教。

学生时代的伽利略，已深深地体会到贫寒的滋味，今天作为帕多瓦大学的一名教授，他对贫寒但又上进的学生总是竭尽所能地帮助他们。据说，在帕多瓦大学的学生中发生了这样一件事：三个学生同住一室，但是很奇怪，他们总是轮流上课，学校当局后来终于查明了他们不能同时上课的原因是三个人只有一件学生袍，不得不轮流外出。伽利略听到这件事，心情久久不能平静，他很快向这些学生伸出了援助之手。

由于他的博学、热心与和蔼，伽利略在帕多瓦和威尼斯结交了很多朋友。其中一位结交较早的朋友叫卡勒里。卡勒里可以作为当时权贵人物的代表，不仅闻名于学术界，和许多大学问家是朋友，而且他自己也非常喜欢读书、思考、研究。他从帕多瓦大学结业后，就开始收集稀有的书籍文献，他本人的藏书已达 8 万卷之多。他平时交往的人多是王子、主教、艺术家和作家。大学教授们也时常携带少数颇具才华的学生前往他家做客，伽利略也是卡勒里家里的常客。他们常常欢聚在一起，高谈阔论。

在帕多瓦大学，伽利略继续从事着研究、写作和授课等工作。同时，他也继续进行着各种各样的小发明，其中有一种是用两支金属分划尺相互交叉钉接起来的、可以靠分划调整两尺的角度来放大地图和其他绘图的机械绘图仪器，由于这种仪器的销路很广，伽利略也因此获取了一笔非常可观的收入，伽利略的名气也随之越来越大。

在执教期间，伽利略偶尔发现一本被人遗忘的、由波兰天文学家哥白尼所写的书。伽利略从书中了解到，哥白尼将整个生命都投入到了天文研究，书中有许多与众不同的新见解、新理论。伽利略还发现这位不同寻常的科学家也曾在帕多瓦大学读书，他从大学的档案中找到了哥白尼的名字，了解到哥白尼是一个世纪以前的学生，从此，伽利略对哥白尼的研究产生了浓厚的兴趣，尤其推崇哥白尼所提出的 系列天文学理论。

1604 年 9 月，天文学家开普勒在"大蛇星座"旁边发现了一颗特别明亮的星，这是他经年累月研究天象的结果，开普勒就用自己的名字命名了这颗星。为了让人们记住这一奇异的发现，伽利略以这颗新星为题目进行了三次演讲。第一次演讲时，室内挤得水泄不通；第二次换了一个能容纳千人的大厅，还是有很多听众无法进入；第三次便索性在广场上发表演说，场面极为热烈、感人。

伽利略的演讲大部分是反驳从前的理论。世人都相信世界是被"创造"出来的，星辰的数目是绝对不会改变的，因为《圣经》或亚里士多德的学说中是这样说的：天体是完全不变的，宇宙里面绝不会有新星的位置。伽利略却说："这确实是一种极大的错误，例如，现在这个星，也正和别的星一样，但在不久以前，它并不是星，或许将来它又会消失。怎能说天体是不变的呢？实在是太值得我们去思考了！自然界没有任何一件东西是能够保持永久不变的，你们应当趁这个机会忘记亚里士多德和古人的谬论，而注意现在。"

不难想象，当时一些维护传统思想的学者听了伽利略的演讲后是多么的不高兴，可是没有别的办法，因为那颗星确确实实是新出现的事物。

伽利略接着又说："如果你们愿意继续听下去，我可以将自然界的真理今天都传播出来。"

他所传播的理论不是别人的，正是哥白尼的，有些学者非常愤怒，他们实在不明白伽利略为何如此大胆，难道他是想推翻上帝的地位吗？他竟敢说地球不是宇宙的中心，只不过是围绕着太阳转动的一粒微尘，真是岂有此理！

这颗新星出现以后，伽利略对哥白尼的理论更是念念不忘，他下决心要在今后的研究中尽力去证实它。

有了这样的想法之后，伽利略便积极投身于天文学的研究。那时还没有望远镜，他只能靠肉眼去观察天体现象。在反复观测的同时，他把自己埋身于帕多瓦及威尼斯藏书丰富的图书馆中，通过研读，他对哥白尼的理论有了更深刻的理解，他写信给天文学家开普勒说：

"我已经改变我的信仰，我开始相信哥白尼的学说。用他的理论可以解释很多的现象，这些现象绝不是其他假设能解释的。"

第二节 望远镜的发明

1604 年，奇异的新星出现以后，伽利略的名声更响了，前来听他讲解宇宙现象的听众越来越多，不仅仅有帕多瓦大学的学生，还有许多来帕多瓦访问的名流，他们常常把教室挤得水泄不通。

伽利略发明的绘图仪也很受欢迎，绘图仪在军队中的运用非常广泛。由于绘图仪的使用需要一些几何学方面的知识，因此有很多的人来请教。一些贵族青年也对伽利略的发明极感兴趣，纷纷来帕多瓦学习这种"奇异的两脚规"，有的回到宫廷之后，还在宫廷数学师的指导下继续研习。

在伽利略的学生中有一位贵族青年尼可洛，他是托斯卡纳王宫御前大臣的儿子。他听过伽利略的课后，非常欣赏伽利略的才华，他在父亲面前极力称赞伽利略是一个极为友善、演讲流利、善于创造奇妙仪器的发明家。他告诉父亲说:"伽利略老师不仅在帕多瓦、威尼斯是知识渊博的、有名望的学者,就是在外国,他的名声也非常大,正是由于他的名气,吸引了很多来自法国、德国等地的青年听众。说来也真奇怪,这样有名望的学者在他的家乡佛罗伦萨怎么会一点地位也没有呢?我们佛罗伦萨以及整个托斯卡纳真应该为有这样一位子弟而感到荣耀。"

尼可洛的父亲很赞成儿子的见解,很快就把这些情况告诉大公爵的夫人克丽斯汀,大公爵夫人听了以后,也很佩服伽利略,于是吩咐宫廷大臣立即通知伽利略说:佛罗伦萨宫廷对他的发明极感兴趣,想请他在休假期间来公爵避暑行宫详谈,同时也可教导王子柯西莫两脚规的具体使用方法。

伽利略接到大公爵夫人的邀请函后,心里非常高兴,他读了一遍又一遍,忘记了自己正在发作的关节炎的疼痛,忘记了周围大人、孩子的嘈杂。一种积聚多年的思乡之情在此刻爆发了,他开始急切地思念离别多年的佛罗伦萨城,想马上就回到故乡的怀抱中去。

在伽利略的心中时刻记挂着父亲当年的告诫,那是一个明月皎洁的夜晚,自己刚刚完成小发明,他便来到父亲的羊毛织物店中帮助收拾东西,父亲兴致勃勃地谈论着他的小发明,又提及达·芬奇,不无遗憾地说他名声虽大,却远离故土佛罗伦萨,客死他乡,未能叶落归根,遗憾终生。虽说这只是父亲的一种传统观念,但在伽利略的心里划上了深深的印痕，他不觉联想到自己的处境。

伽利略刚刚 40 岁出头，虽说身材略显臃肿，两鬓须发逐渐灰白，但还算年轻，且前途光明，应该像先贤那样，荣归故里，造福桑梓。可爱的托斯卡纳产生过不少的军人、政治家、艺术家和医生，他们为家乡争得了很高的荣誉。伽利略想：如果我能在宫廷中谋得一个职位，不仅可以洗去我当年奔波于贵族之间寻找工作时遭到的冷遇和耻辱，而且还可以给我的孩子们一个好的未来。

当然，伽利略想回到佛罗伦萨还有其他的原因，他在帕多瓦已拥有了很多荣誉，如果能进入宫廷，职位必定会更加显赫。在那里，可以不必讲演、授课，这样就会有更多的时间搞自己的研究。

伽利略想到这些，心里有一种说不出的快意。他立刻决定接受大公爵夫人的邀请，并期待着这能够成为他获得王宫固定职位的机会。

暑假很快就来到了，伽利略急匆匆地整理好自己的教案和研究成果，收拾好自己的行装，并给玛丽娜留下足够维持家用的款项，告别了家人、告别了朋友、告别了帕多瓦大学，踏上了回佛罗伦萨的归途。

伽利略衣锦还乡，却没有携玛丽娜同行，这并不是他归乡情切的疏漏，而是另有他因。伽利略和玛丽娜虽已有了三个孩子，但至今还没有正式结婚，在帕多瓦，无人非议他们之间的关系，但在佛罗伦萨，人们远没有那么开放，不是正式的妻子是不能被接受的。

洗去路途的劳累，远离热情欢迎的人群，伽利略漫步在佛罗伦萨的大街上，在他的眼里，如今的佛罗伦萨城比往日号称"百合花之城"的时代更加美丽了，拐进弯曲狭长的小巷中，映入眼帘的一景一物都十分亲切。

天黑之后，伽利略才回到家里，慈祥的老母亲拖着蹒跚的步履，花了一整天的工夫为多年不见的儿子备办好了饮食。妈妈用生气而又饱含疼爱的口气埋怨儿子回来得太晚了。她反反复复地对伽利略说，她花了一大笔钱买回了小山羊肉，费了不少时间去烤，可能烤得焦了一点，但希望儿子能多吃点。伽利略为了让母亲高兴，把眼前的盘子堆得满满的，母亲也接二连三给他夹菜，可他心事重重，根本没有品出菜肴的味道来。母亲不停地唠叨着：橄榄油的价格又涨了，米盖和女儿实在不孝……伽利略心不在焉地听着，回答着。

看到伽利略漫不经心的态度，母亲显然生气了。她一边收拾着餐桌，一边轻声地斥责伽利略："你现在长大了，有出息了，有你自己的朋友了，又要去公爵的避暑行宫做客，确实高贵了，现在连妈妈的话也不要听了！也许你压根儿就不想再回到这个贫寒的家里来。"

伽利略连忙道歉。他心里想，如果他告诉妈妈说，他现在正迷惘着，正在考虑着真理、命运、献身、酷刑这一系列可怕的字眼，年迈的妈妈又会是何种反应呢？

　　第二天，伽利略就来到了大公爵的避暑行宫，在这里度过了六个星期的愉快时光。这里空气清新，生活舒适，十分有益于他的健康，在这一段时间里，曾经反复折磨过他的关节炎也不曾发作。

　　伽利略这次前往避暑行宫的主要任务，是为了给年轻的柯西莫王子做暑期补习，伽利略发现年仅 15 岁的王子，虽然说不上聪慧、敏捷，但也十分可爱。当伽利略向他讲述有关意大利及其他国家的古代科学家、哲学家及艺术家的故事时，他常常会沉醉其中。他们很快就成了好朋友，建立了深厚的友谊。有一天，当伽利略给王子辅导完功课，王子柯西莫俯到伽利略的耳朵旁，郑重其事地对他说："等我长大统治托斯卡纳时，我一定要聘你做我的宫廷数学师。"伽利略听后非常感动。

　　伽利略离开王宫回到帕多瓦时，王子还没有学会使用绘图仪的方法，他们约定等下一次伽利略来王宫时，再继续教他。

　　自从伽利略接受邀请，利用暑假回佛罗伦萨王宫为王子授课以后，大公爵时常会赠一些礼物给伽利略，可伽利略期望得到的并不是礼物，而是一张永久性的聘书，使他能很荣耀地定居在故土佛罗伦萨。此后，伽利略也陆续去过几次佛罗伦萨王宫，每次都受到了款待。王宫的官员曾经告诉他，眼下大公爵正在忙着替儿子安排婚事，只要他稍有空闲，就绝不会让像伽利略这样出色的学者客居他乡的。听了这些话，伽利略由衷地感到高兴。可他期待的聘书依然没有到来，大公爵对此也没有任何的表示。伽利略心想：现在不回佛罗伦萨，将来也许会得到更显赫的职位。

回佛罗伦萨的定居梦想还未成真，伽利略的家庭却出现了问题。他和玛丽娜的同居生活渐渐失去了稳定性。一方面，由于三个孩子已逐渐长大，维系他们同居的纽带已开始变得松弛；另一方面，他多次往返于佛罗伦萨与帕多瓦之间，忙于应酬和与达官显贵、学者名流的来来往往，在无意之中冷落了玛丽娜，使她感到孤寂难耐。尤其是伽利略那种强烈的思归念头及行动更使玛丽娜觉得心灰意冷。她心里很清楚，如果伽利略做了佛罗伦萨王宫的数学师，就意味着他们的永久离别，她不得不在帕多瓦孤独度日，消磨时光。

想当年，玛丽娜作为威尼斯的一代美人跟随伽利略来到帕多瓦，虽然当时这位年轻的教授负债累累，而且在大学圈子里的地位也不很稳固，但他们有热情似火的恋情，和他在一起，玛丽娜有强烈的安全感与幸福感。可现在，经过多年的相依为命，玛丽娜觉得她才真正地了解了伽利略，她痛苦地觉察到，伽利略更爱的是科学、是他的事业，而不是她。玛丽娜虽然没有读过太多书，但凭自己的直觉，她预感到伽利略会有更大的成就，而成就越大，他就会离她越远，玛丽娜再也找不到当年的安全感了，她心里清楚，即使现在与伽利略履行了结婚手续，她也无法拴住他那颗不安分的心。她不得不承认："我已经习惯了在帕多瓦的身份地位，他又绝不会以妻子的身份带我去宫廷。我马上就要年老色衰，万一他弃我而去，我该怎么办呢？"

玛丽娜经过苦苦的思索后，她终于下决心离开伽利略，毅然答应了威尼斯男子巴鲁兹的求婚。

一个星期天，伽利略做完弥撒回来后，玛丽娜把他叫进卧室，郑重其事地对伽利略说："昨天我已答应了巴鲁兹的求婚。"

玛丽娜的话使伽利略感到震惊，他不敢相信自己的耳朵，强压住怒气质问道："那我们的孩子怎么办？你考虑过他们吗？"

"我们可以把维姬尼亚和利维亚送到修道院住宿。再过几年便可替她们安排婚姻大事了。如果她们内心感觉到，上帝需要召唤她们去做教会工作，她们可以去当修女。"玛丽娜早已有所准备地说道。

"那么芬新呢？"

"芬新还小，需要我好好照料他。他未来的继父已答应我，会好好待他。当然，只要你有时间，孩子也会常常去看你的，不过，"她很快又加了一句话，"你要定期寄来抚养费。"

"那是当然的。"伽利略的回答也很干脆。话虽然说得很轻松，可在内心深处他还是舍不得与可爱的孩子们分开。玛丽娜的口气也使他觉得没有任何挽回的希望了。孩子的抚养费和修道院的费用他是不在乎的。

虽然家庭破裂了，但它对伽利略来说似乎不是太大的打击，因为他的重心在工作上。此后，儿子芬新随母亲和继父住到了威尼斯，两个女儿进了修道院，伽利略重新回到他的研究天地里，更为专心地投入到他的教学与科研工作中去了。

1609 年的一天，伽利略收到一位荷兰朋友的来信，获悉一条令人惊喜、振奋的好消息。

早在几个月前，米德尔堡的一个光学技工利珀希，曾参与了一桩天文学界有史以来最伟大的发明，当他正在专心打磨镜片的时候，突然听到相邻工作室的一个学徒坐在窗前发出了十分惊奇的喊声。

"发生了什么事情?"利珀希听到学徒大呼小叫后，有些生气，不高兴地问道。

那孩子抑制不住内心的激动，兴奋地说："师傅，我刚刚正在遵循您的吩咐打磨这些镜片，可是……你不知道，我……"

"这就是你刚才像一个粗人那样尖叫的理由吗?"利珀希蹙眉追问。

"可是，师傅，当我把两个镜片对着光，想检查它们是否达到要求时，发生了意想不到的事，您绝不会相信我从镜片中望过去看到了什么!可这确实是真的。"

"你如果再把这些镜片混在一起，我会惩罚你，这样做是不可以的。"脾气粗暴的师傅说过后，转身就走开了。小徒弟见到师傅生气了，心里很害怕，但还是鼓足勇气，坚定地走到工作台前，继续说道："师傅，请您不要生气，我敢把手放在《圣经》上发誓，我刚才从窗户看出去，看到了那座矗立在广场上的钟楼。""除了瞎子以外，谁都能看得见。"师傅仍然没好气地说。小徒弟又说："我看到的东西是上下颠倒的。我还看到两只鹳鸟站在市政府烟囱附近的窗里。"

"你在说什么呢？你是不是偷喝了我的酒？竟敢如此不诚实地说这样的梦话。"

"师傅，我说的话千真万确，不信你亲自看一下，这些镜片把那些东西变得好近，也很清楚，如果我说谎，会不得好死的。"小徒弟恳求道。

"不管你是喝醉了还是在说谎。我还是亲自看一下吧。"利珀希边说边走近那孩子，把徒弟手中的两个镜片接过来。经过长久的观望，这位光学技师将镜片仔细地固定在窗沿前的木板上，然后再把它收拾好放在自己工作服的衣袋里，双手不停地揉着眼睛。

利珀希喃喃低语道："天啊，真的是这样的，这究竟是怎么回事，假若这是巫术，为什么我们两人都能同时着迷呢？你先不要向任何人说起这件事，听到了吗？让我来把这件东西仔细地研究一下，看看到底是怎么回事？"

这位技师心中忖度着，当我把这两个镜片的距离拿近些时，看到的房子不但离得近了，而且把平时肉眼只能看到一小点的鹳鸟放大了。虽说那只鸟站立的方向是颠倒的，但却看得十分清楚。利珀希再次从口袋里拿出镜片反反复复地看。

"原来一片是凸透镜，一片是凹透镜。让我再用两片，一凸透，一凹透，用同样的方法来试试看。"利珀希恍然大悟地说道。

利珀希和学徒两人轮着从镜片中观看，结果让他们都很激动，他们不仅看到了鹳鸟，还看到了塔顶上更细小的风向标。利珀希高兴地握住满脸愕然的学徒的双手，告诉他让他休息半天，并给他一点钱，让他到附近的村镇上开心地玩玩。

利珀希在徒弟走后的几小时里完成了镜筒装置，筒管的两端各装一个镜片，并把它安装在工作室的窗户上吸引顾客。顾客们都称它是"神奇魔筒"。

朋友的信中还写道："昨天我在河边散步时正巧遇到了利珀希，对面河岸上有个漂亮的姑娘，我透过他的镜筒确实看到了她，她的脸庞就像近在咫尺那么逼真。"

"我惊讶地喊出了声音，我甚至觉得我可以摸到她，于是就伸出手去。但我却差点掉进了河里。利珀希禁不住笑了，因为那个姑娘还在对面的河岸上。"

"眼下，这种镜筒，他还没有第二个，因此我也无法替你买一个。"

伽利略把信从头到尾一字不漏地又读了一遍，兴奋得从椅子上跳了起来，大声嚷道："我也要做一个那样的镜筒。我要做一个更好的，不仅能看姑娘的脸，而且要看月亮和星星的面貌，更要看天空中的一切奇观。"

伽利略很快开始了他的制作，用不着利珀希的镜片，光这封信已足以启发他了。他找来一根空管子，磨了一片凹透镜和一片凸透镜，嵌在管子的两头，一个小镜筒便做好了，取名叫 telescope（望远镜）。他拿起一看，可以把原来的物体放大 3 倍。伽利略虽然很高兴，但他并没有满足于此，而是进一步作了改进，又做了第 2 个，这一次可放大物体 9 倍以上。做第 3 个望远镜时，伽利略在原来两个镜片的基础上，又增加了一个镜片，这样一来，镜中所见物体就不再倒立了。

1609 年 8 月 21 日，经过几次改进以后，伽利略终于准备把历史上的第一架按照科学原理制造出来的望远镜公开展出了。他登上了威尼斯钟楼的楼顶，身后站着一大群他的朋友和钦佩他的人们。然后，他让他们一个一个地透过他的"魔术放大镜"向外看去。人们大吃一惊，因为他们看到了正向眼前驶来的帆船……船是那么遥远，至少要等两个小时之后他们才能用肉眼看见。他们看到了港口中来来往往的船只，远方山坡上吃草的羊群，远方教堂门口进进出出的教民。接着，在一天夜里，他们又拿望远镜去观天，看到了"遥远的星宿如在眼前。"

向伽利略购买望远镜的订货单源源而来，让他有些应接不暇。他不取任何报酬地把这一科学奇物送给了威尼斯公爵。这样一来，公爵也十分慷慨地聘用伽利略为帕多瓦大学的终身教授，薪金加到 700 块金币一年。

伽利略还在不断地制造着、不断地改良着他的望远镜，而且一次比一次精良，最后，他的望远镜能把物体放大千倍。伽利略获得了极高的赞誉，而他却十分谦虚地对朋友说："我对上帝致以最虔诚的谢意，它让我成为第一个神奇事物的观察人。"

伽利略很早就萌生了制造望远镜的强烈愿望，可他并不希望他的创造仅仅服务于军事，也不局限于仅仅看到远方的船只及军队，他是想借此来观测天象，他鼓励自己说："除了观看远处的船只以外，我为什么不可以将这些镜片转向一望无际的天空呢？"经过无数次的测算与试验，他终于制作出了当时最好的望远镜，为人们研究天文打开了方便之门。

伽利略研制的望远镜使他能清晰地看到遥远的物体，这些物体可以是地面上的，也可以是宇宙间的，这对伽利略的科学研究大有帮助。但他并没有停止研究的步伐，他又开始研究近处的物体，尤其是很近很近、很小很小的东西。于是，他认真地检查了各种类型镜片的曲率以及它们彼此的各种组合，用准确的数学公式来测算出不同曲率和不同组合所引起的视觉上的效果。经过潜心钻研，他又制作出另一种镜片，专门用来观看近处的微小事物，并命名为microscope（显微镜）。不过，在伽利略所处的时代，显微镜还仅仅是个有趣的玩具，人们还没有意识到它的巨大价值。

直到19世纪初期，法国科学家路易·巴斯德在动物和人体疾病研究中创立细菌学说时，人们才注意到微生物的研究。也正是从这个时候起，伽利略所发明的显微镜才真正开始发挥其应有的作用。人们利用它来观察微生物的世界，分析各种细菌的活动规律，有力地推动了科学事业的发展。

第三节 天体的运动

自从伽利略把高倍望远镜研制成功，他就开始了对茫茫宇宙的观察和研究。他几乎每天晚上都把自己制作的望远镜对准天空，从事着星辰的研究，探索着宇宙的奥秘。

1609年秋天，一个天高气爽、皎月当空的夜晚，伽利略爬上观察实验室，把他最新制作成的高倍望远镜对准星空。这时，他发现夜晚的星星是那么美丽，一轮明月高挂天空，是那么明亮，那么静谧，仿佛在祝福他这位忘却一切的入迷者。在他的望远镜里，月亮的表面竟然是那么清爽，此时此刻的伽利略真想伸手去摸一摸月亮。

伽利略一直认为，月亮是一个光滑的天体，它自身发光。现在通过望远镜观察，他发现月亮的曲线竟像远望的山脉一样不平整。

伽利略也不知道自己站了多久，他全神贯注地观察着，一位侍者带着一件披风爬上楼来，以防伽利略午夜在露天中站立受凉，引发他的老毛病关节炎。侍者的关心并没有使伽利略感动，他反而大声斥责侍者干扰了他的工作，吓得侍者急忙退回。

伽利略回到书房后，按捺住激动的心情，记录了他所看到的东西："我敢肯定，月亮表面不平滑，也不是像很多哲学家们想象的和其他星球一样是完全的圆球形。相反，它的表层起伏不平，充满着沟壑峰脊，如同地球上的高山深谷一样。"

一夜接着一夜，伽利略用望远镜仔细地观察着月亮，寒冷的天气和关节炎发作的疼痛都没有使他放弃工作。他把看到的现象和地球进行比较，开始相信月亮上真的有山脉，而且看起来比地球上的更高，更参差不齐。他观察月亮表面的亮点和暗点，发现当月亮在天空中越升越高的时候，亮点和暗点有变动，这种变动使他模糊地联想起某些熟悉的事物。

对了！在太阳光的照射下，山峰和山谷上的影子就是这样的。太阳升起的时候，山顶上首先照到阳光，然后是山腰。这时候，山的那一面和山谷仍然在阴影中；中午的时候，阳光照到山的另一面，山谷再一次变成阴影。

伽利略仿佛受到了启发，难道月亮和地球一样，它的光也是从太阳那里"借"来的吗？但是，大部分的天文学家都说，月亮是个完善的球体，是自身发光的呀！

他再一次把望远镜对准月亮，想要找出月亮发光的原因。他通过望远镜观察月光背向太阳的那部分。他认为，如果月亮的光真的是从太阳那里借来的，那么，这部分应该完全是黑的。但是，它却有一圈很暗淡的光，好像另外还有一个不太亮的天体，把光照到月亮的这一面。这可能吗？可能。通过长期的观察和计算，他得出这样一个结论：就像月亮把从太阳那里得到的光反射给地球那样，地球也把太阳光反射给月亮。地球和月亮自身都不会发光，它们只能反射太阳的光。尽管这个答案并没有得到大多数天文学家的支持，但伽利略却坚信，他的想法是对的。

伽利略的月球新发现，极大地震惊了帕多瓦大学的亚里士多德派教授们。他们认为伽利略实在荒谬，他是在用望远镜哄骗人，原因是，伽利略所见到的和亚里士多德所说的完全不同。

伽利略完全不理会别人的看法，仍旧埋头于他的研究，几个月之后，他已成了一个使用望远镜的专家，他对于自己所见的，都十分确信。但在1610年1月8日晚上，他继续观察木星时，便又觉得没有把握了。因为前一天晚上，当他把望远镜移开月球对准木星时，发现木星附近有三个较小的星球，虽然很小，却像三个小月亮一样十分明亮，而且是一个在西边，两个在东边。可是今天晚上观察到的却是另外一种情况，他发现三个小星球都在木星的西边，这实在太奇怪了！伽利略的心里有些不安，难道是望远镜在与他开玩笑吗？

1 月 10 日晚上，万里晴空，明月皎洁，伽利略站在望远镜前，仔细地观察着木星的位置，木星出来了，这次的情形又会怎样呢？这次，他只看见两颗小星，而且都在东边。1 月 11 日晚上，仍然是两颗小星在东边，不过有一个大一些。1 月 12 日夜晚，已经有点疲倦的伽利略突然发现木星的旁边竟然出现了第四颗这种移动的星，三颗在西边，一颗大的在东边。于是，伽利略相信他自己的眼睛并没有看错，他的望远镜也没有和他开玩笑。他放下望远镜，既兴奋又疲惫地踱回书房，想着自己为什么没有能在第一次就注意到这一开创新纪元的现象。

"不是星星，而是月亮！"伽利略激动得大声喊着："不是星而是月！它们像月亮绕地球运动一样绕着木星转。"

木星的四个小卫星的发现，确实令伽利略兴奋。现在伽利略的归纳推理最终站到了哥白尼的学说上，正如他自己所说的："月亮绕着地球转，木星的四个卫星绕木星转，地球、木星和其他行星绕着太阳转。"伽利略第二天又展开他匆匆写下的记录来读，发现一部分写得很潦草，简直无法辨认。他想了想，自己又笑了起来："其实，即使是个小孩，只要他能像我儿子芬新一样聪明，一定也会懂得，因为望远镜不会作假，就是亚里士多德也要接受我的发现了。"

1610 年 3 月，伽利略出版了《星空信使》一书，在书中解释了有关月亮、行星及恒星的许多事实。他也阐明了哥白尼学说的正确性，并为此提供了很多很好的理由。事实上，他已相当清楚地表明了哥白尼的学说是正确的，只是没有公开宣布要去接受它。

"我的论敌一定会给我制造麻烦的，"伽利略说，"等我能完全证明这些论点时，我就和他们战斗。我们的地球每年绕太阳旋转一圈，我认为木星每 12 年绕太阳旋转一圈。如果我再能观察木星几年，我就能更好地证明这一点。"

《星空信使》一书的问世，引起了科学界极大的反响，人们惊讶地说："伽利略发现了新宇宙。"

许多一直对哥白尼理论有信心的天文学家，读过全书后感到喜悦与欣慰。开普勒知道这个新发现后，马上写信给伽利略说：

"这样一桩不可思议的事真令人欣喜若狂！我真不敢相信，我们以前的争论会以这种方法来解决……我盼望马上能有一架望远镜。我早就相信木星有四个卫星。假如我能有一个更好的望远镜，我还可以告诉你，火星有两个卫星，土星有六个或八个，水星及金星各有一个。"

后来，开普勒为了更好地研究天文学，自己也制造了一架望远镜，与伽利略的十分相似。这个时候，望远镜已经不再是天文学家独有的宠物了。驻威尼斯的大使们和航海商人把伽利略的成就传遍欧洲各国宫廷。许多国家的皇室纷纷要求能得到一架望远镜。奥地利国王鲁道夫急于要得到这种仪器，却受到了代表教皇的大主教的百般阻挠。

科隆统治者责怪《星空信使》一书不完美，没有记载望远镜制造的具体细节。他希望伽利略能告诉他关于制造望远镜的细节，并答应给予巨额的报酬，可伽利略从自己的亲身经历中了解到那些君王并不会守信。

伽利略很乐于同开普勒通信，开普勒信中的话更使伽利略终生难忘。他写道："在仔细研究了伽利略的天文学报告之后，我觉得这位帕多瓦大学教授的报告似乎是正确无误的，而我自己所写的《宇宙论》一书几乎全是谬误。"

开普勒是天文学界公认的权威，他的公开认错温暖了伽利略的心，也使伽利略对自己的研究更加充满信心。然而，并非所有的人都像开普勒那样相信科学、忠于真理。

自从伽利略有了望远镜以后，他的声望虽然提高，但嘲弄与辱骂的声音也此起彼伏，一些保守的学者常常群起而攻之。一些人满腔怒火地喊道："亚里士多德曾经说过……"

"亚里士多德心里也是希望发现新真理的。他如果有机会用我的望远镜去观察，他一定会改变观点的。"伽利略不失时机地反驳道。

佛罗伦萨有一个贵族名叫西积，他因攻击伽利略而使自己名声大振，他自鸣得意地侃侃而谈："动物的头上有两个鼻孔、两只眼睛、两只耳朵和一张嘴。因此，在天上有两个善良的星、两个不吉祥的星、两个处于领导地位的星和一个好坏无定、漠然的水星。大自然里与此雷同的现象多得不胜枚举。我们可以说，行星的数目必定是七个……"

伽利略建议西积用望远镜观察后再下结论，但西积拒绝观看，可能他的内心是害怕看见木星的卫星。

另一位意大利有名的哲学家黎百里，也拒绝观看和相信伽利略的望远镜和天文学理论。在得知他去世的消息后，伽利略风趣地说："我希望黎百里在他走向天堂的路上，可以看到围着小木星旋转的四个卫星。"

尽管伽利略有时也会为了反对他的人的抨击言论生气，但在大多数情况下，伽利略却能坦然、沉着地应战。

伽利略声名日增的消息不断传来，使佛罗伦萨王宫又想起了他。大公爵生病期间，公爵夫人克丽斯汀央求伽利略替他病中的丈夫绘制天宫图。这种相命术最使伽利略感到头痛，但他又无法拒绝。伽利略的计算一向很准确，唯独这回有了例外，他告诉公爵夫人，星象显示公爵可以很快康复，而事实是大公爵不久便去世了。

大公爵死后，他的儿子柯西莫二世继位，做了托斯卡纳的君主。他已不再提起孩童时代许下的诺言，邀伽利略做他的宫廷数学师，但还是不时地送给伽利略一些贵重的礼物，同时邀他到王宫做客。现在伽利略将新发现的四个卫星命名为"美第奇星群"以纪念大公爵，宫廷大臣温达随即建议伽利略回故乡任职。

回到佛罗伦萨以后，伽利略可以得到几个职位，担任两项工作：一是比萨大学数学教授，这一职位使伽利略十分欣慰，18 年前他曾被这一学术机构轻视过、疏忽过，可如今他要功成名就归来；另一项工作是担任托斯卡纳宫廷的哲学及数学师，有机会仲裁科学争论事宜。但他的最主要工作，温达说道："将是继续他的科学调查研究，以增进宫廷和城邦国家光荣的利益。"

伽利略听后很高兴，他立刻把大公爵的邀请和自己的打算告诉了他的朋友们，他高兴地说："我的薪金今后将足够家庭开销了，这两项工作都不会因过度劳累而损害我的健康。我可以把大多数时间安排在实验室中，我要利用一切机会继续我的天文观测与研究。"

在伽利略的这些朋友中，有一位教授听了伽利略的话后，摇了摇头，说道："你是说，你还要继续观测和著述？"

"当然啦！我会有更多的时间进行研究，写机械学和宇宙组织的书。"伽利略回答说。

"伽利略，毫无疑问，我们都认为你是我们这个时代的智能之士，但是，在许多方面，你却像一个纯真的小孩。你应该知道，某些教会中的权威人士已经在大肆攻击你的著作。在帕多瓦大学，你已经享用了 18 年的完全自由。我有必要提醒你，我们威尼斯的统治者，对罗马的权势无所畏惧，必要时可以挺身而出为你抗拒教会的审判。可在其他地方，情况就不一定如此了。"

"在佛罗伦萨，我可以处在托斯卡纳大公爵的个人保护之下。"伽利略争辩道。

"据我们所知，托斯卡纳也在罗马教会的压制之下。"伽利略仍固执地说："必要时，我会亲自去罗马解释我的望远镜和新发现。大主教和圣学院都会成为我的朋友，我没有理由去害怕教会审判的敌意。"

这时，另外一位朋友问道："你为什么一定要回佛罗伦萨呢？难道你觉得这 18 年在帕多瓦的生活不快乐吗？"

伽利略连忙回答说："不！不！在帕多瓦生活的 18 年，我非常快乐。在这里我享受了真正的自由，没有自由，我就不会有今日的成功。但是我也没有忘记我父亲提到的达·芬奇客死他乡的事情。朋友们，你们也都同样爱自己的故乡，不管它是简陋的山谷村庄或者是亚得里亚海的天堂威尼斯。对我来说，佛罗伦萨是我的故乡，是我终生难忘的地方，我必须不惜一切代价，回到她的怀抱里去。"

伽利略的固执态度与肺腑之言使他的朋友们沉默了，屋子里十分寂静。后来一位年长的教授打破了这个局面，他站起来说："伽利略，我们已经提醒过你了，既然你下定了决心，我们也没有什么可说的了。你要记住朋友们的劝言。"

他举起酒杯，高声地说："朋友们，我们为能有这样一位同仁而高兴、而自豪，在他将要离开之际，让我们为这位功名不朽的人物干杯！祝愿他继续成功、生活幸福！"

在大家举杯同饮的时候，伽利略偏过头去掩饰自己将要流出的眼泪，他实在太留恋这种场面了，他觉得在佛罗伦萨再也不会有这么多忠实而富有才华的朋友聚集在他的身旁了。

就这样，伽利略不顾朋友们的劝告，中断了他和帕多瓦大学签订的合同，满怀希望地走进了柯西莫二世的宫廷。

　　然而，他万万没有料到，这是他一生中最错误的一次抉择，也是他生命历程中的转折点，从此他走上了一条悲惨苦楚的人生之路。

　　1610 年 9 月的一天，伽利略离开了帕多瓦回到了自己朝思暮想的佛罗伦萨。阔别了 18 年的故土在伽利略的眼中显得格外美丽，那白杨迎风招展，教堂典雅壮观，似乎比帕多瓦更为迷人。

　　母亲、妹妹、妹夫亲切地欢迎着这位新任的皇家数学师的归来；两个女儿穿着修道院的制服，羞怯地、静静地、但却是快乐和骄傲地上前迎接来修道院探视她们的父亲。

　　伽利略去比萨大学时，也受到了热烈的欢迎，这使他非常满足。他永远不会忘了 18 年前被比萨大学校方辞退的羞辱。如今，他已经是有名的博学之士，是全意大利最有名的科学家之一，也是皇家大公爵的数学和哲学师了。

　　回到佛罗伦萨，伽利略除了必要的应酬之外，其余时间都在积极筹建自己的实验室，很快他就又投入到新宇宙研究工作之中。10 月的一个清凉的夜晚，伽利略把望远镜对准了金星。他在观测金星时，又有了不同寻常的发现，金星的光亮时而增长，时而消退，一直使人迷惑不解，如今望远镜告诉他：金星极类似月亮，也是不发光的圆形物体，它像一弯新月，好多个夜晚才有缓缓的变化：月牙逐渐变圆，而整个星体的直径看起来却变小了。大约三个月后，他发现金星变得更圆、更小了，然后慢慢地亏缺，直径又大起来。

对于金星的新发现，伽利略并没有马上公布于世，但他十分想让他的同行开普勒知道这一情况。他决定写信告诉开普勒，为了避免有人偷看他的信件，了解他对金星光度盈亏消长的描述，伽利略采用密码的形式写信给开普勒说："这些事情尚未成熟到该发表的时候，而我也还不尽了然。"

开普勒译出的意思却是："爱之神金星，模仿着女神月亮，一样有盈亏消长。"

直到后来，伽利略才终于向世人宣布。

对伽利略来说，发现金星绕太阳旋转而且接受太阳的光线，就足以作为他需要的决定性的证明：宇宙的中心是太阳而非地球。因为亚里士多德曾说：各行星如坏绕着太阳旋转，则金星和火星必会盈亏消长如月亮。如今，伽利略利用望远镜，已经真真切切地看到了这种变化的进行。

伽利略在观测了银河、月亮、木星、金星之后，又对水星进行了观测。水星和金星一样有盈亏消长，绕着太阳旋转。后来，他又开始观测土星，土星给伽利略添了很多麻烦，他先是观测到土星旁边有两颗大卫星，他疑惑土星是由两颗星合成的，后来他再观测时发现两颗星不见了，这使他异常惊奇，难道是他的望远镜出问题了吗？难道真像希腊神话中所说的，七星吞食他的女儿？如果真是这样，他一定会再吐出来的。果然，后来这两颗星再次出现了。可惜当时伽利略的望远镜还不是最好的，不能让他看到土星是有光环的，不过他认为他确实又看见了一件新东西。

有一天，伽利略突发奇想，他想为什么总是夜间观测天象呢，为何不转移到白天呢？他自言自语道："我想看看白天的太阳，天上许多星体都不是我们所想象的那样，或许太阳也是如此。"

于是，他选了天气特别好的一天，这天晴空万里，没有一丝云彩。他把望远镜对准了像大火球一样的太阳，经过仔细观察，他发现太阳表面有很多奇异的黑点。"这些黑点缓缓地由东向西横移过太阳表面，"他分析说："因此，太阳自身一定也在缓缓地旋转。看来，太阳旋转一周需要25天。"

现在我们知道，太阳是由炽热的气体组成的，太阳黑子是气体的风暴。黑点的温度各不相同，所以颜色也不一样。黑子产生的电力可以传到地球，每当电力较强时，就干扰无线电通信。它还会在遥远的北方和南方的天空中形成一种奇异的光芒。

伽利略早已肯定地球绕太阳旋转。太阳黑子的发现也有助于证明这一点。因此，他写了《关于太阳黑子的信札》，并于1613年出版。他写道："太阳是待在原地缓慢地旋转，地球也是缓慢地旋转，但不是待在原地，而是绕太阳旋转。"

这本书当时在欧洲广为流传，由于书中带有哥白尼日心说的观点，因而遭到了罗马教廷的警告。

第四节 罗马之行

伽利略是第一位把望远镜对准太阳进行观测，并科学地阐释太阳黑子的科学家。他通过对太阳长期的观察，通过对黑子进行不同程度的观测，证明了太阳在以它自身的轴心转动，这一结论清楚地揭示了亚里士多德宣称的太阳是完美无缺的、天空中只有七个行星的理论的错误。很显然，伽利略的望远镜和他的许多重大发现推动了科学的发展，但对亚里士多德错误理论的一再抨击，也陡然增加了他的仇敌人数，尤其是教会的长老们，他们觉得伽利略的学说煽动了很多人产生叛逆情绪，这是一种可怕的行为。因此，他们聚集商议，准备合伙对付伽利略。但这并不是一件容易的事，伽利略现在名气很大，更何况他又是一个虔诚的天主教徒！

与此同时，亚里士多德派学者对伽利略的攻击也在增加。伽利略觉得自己最好还是到罗马去一趟，将自己的立场和态度表达清楚，以获取他久想得到的罗马教廷的认可，也免得每日都提心吊胆。通过往来书信，他已成功地对罗马学院中的一些受人尊敬的学者们阐释了哥白尼学说的真实性。现在，时机已经成熟，应该听取克勒菲神父的建议，前往罗马拜见教皇和他的主教们，让他们了解望远镜所发现的一切。这种证实不仅对佛罗伦萨、对意大利的天文学家，甚至对全欧洲天主教国家的科学家们都会大有好处。

当然，伽利略想去罗马，还有一层重要的意义，那就是向教会表白他是一个虔诚的天主教徒，有人说伽利略的发现违背宗教信仰，这使他心里深受伤害。他出身于天主教世家，从小就是天主教的忠实信徒。

1611年的春天，伽利略离开佛罗伦萨，告别了两个女儿，启程前往永恒之城——罗马。刚踏上罗马的土地，伽利略就很激动，他完全忘却了路途的劳累，沉浸在一片欢乐的、暖融融的气氛之中。春天的罗马，在伽利略眼中确实比威尼斯美，甚至比佛罗伦萨更富丽堂皇，更漂亮壮观。伽利略观赏着壮丽的教堂、坚实的桥梁、如画的喷泉，他完全陶醉其中，他在心底发出这样的感叹：罗马，太美了！

在梵蒂冈圣彼得广场上，伽利略伫立在一个埃及式的尖碑前。这座纪念碑触发了他对古代机械力学的兴趣，据说碑石是凯撒大帝命人搬来罗马的。

伽利略听说过，当这柱碑放落时，工人们先做告解，然后举行两次弥撒，所有罗马的伟大人物、很多来自各地的工人和贵族们一起跪地祷告。

这一切使伽利略很受感动，也很受启发：工人们为上帝和教堂的光荣而出力，应该受到祝福，我作为一名天主教徒，现在也应该为它的宇宙和它的子女做些事情。

此时此刻，伽利略挺起胸膛，眼睛放出光彩，他在心里默默地说：亚里士多德的理论曾经统治人心，就像这块石碑一样，无人敢违抗于你。但你的辉煌已成为过去，整个世界即将立刻接受哥白尼、开普勒和伽利略的新宇宙学说了。他深信前人的错误理论很快就会被人遗忘的。但他却没有想到，在这之后的岁月中，在这美丽的罗马城中，他自己却遭受到了羞辱和迫害。

不过，这一次访问罗马，让伽利略感受到了成功者的优越，他不止一次地在心里追问自己：这是真的吗？一个羊毛商的儿子，竟然受到最有名望的学者与大使的接待，竟然和主教、君主们同饮同乐。

罗马学院耶稣会的天文学者热烈地欢迎伽利略的来访。他们带伽利略参观了学院布置有精美窗户的大型图书室和很多设备。他们在学院组织了伽利略望远镜演示会，身穿黑袍的教士们和科学家一起用伽利略的望远镜轮流观看宇宙奇景，他们对伽利略奇妙的发现表示由衷的敬服。在罗马学院，并不是每位院士都能够接受伽利略的见解，偶尔也有一些激烈的争论，但这种争论只是单纯的科学的争论，不含有任何宗教色彩，他们对伽利略这位来访者持以友好的态度，给予礼貌的接待。

杰出的耶稣会哲学家贝拉明主教也参加了在罗马学院举行的伽利略望远镜演示会，他很诚恳地请伽利略对曾经引起争论的《星空信使》一书做些具体说明。当时还组成委员会对这本书进行讨论，大部分人都基本上认同了伽利略的看法，对此，伽利略感到非常高兴。

演示会之后，伽利略同一部分主教就一些天文学问题进行了热烈的讨论，这些由有学识的巴伯瑞尼主教所领导的成员，首先伸出友爱之手对伽利略表示支持。部分有影响力的成员也深致敬慕之意，也有一些并未读过《星空信使》一书的成员，因受主教的影响，也对伽利略怀有好感。

对伽利略的来访，罗马各界表示出不同寻常的热情，不仅请他介绍望远镜，讲解他发现的宇宙奇观，还一次又一次地邀请他共同参加晚宴。罗马贵族及一些外国使节均以酒宴、音乐会及其他娱乐活动款待他，然后对有关新发现进行咨询与讨论，伽利略的语言生动、幽默，使大家都非常快乐。

在众多的宴会中，伽利略对塞西公爵的邀请留下了极其深刻的印象。公爵府富丽堂皇，宽敞明亮，家具陈设古色古香，豪华典雅；餐具饰物不是金银珠宝就是稀世古物。菜肴色佳味美，美酒杯杯开怀。伽利略平时酒量就大，那晚开怀畅饮，一再干杯。正当伽利略沉醉在美酒佳人的美妙气氛之中时，公爵邀请他对宾客讲解他的新发现。

"对不起，伽利略先生，我们实在有些失礼，这么晚了，又在您这样疲劳的时候，还要邀请您来讲几句话。但是，对我们大多数人来说，今天晚上的最高潮，就是由您这个贵宾之星，为我们大家讲述在您的望远镜下观察到的新宇宙。"

还有几位宾客也附和着说："伽利略先生，今晚让我们试看一下望远镜吧。"

伽利略陶醉在这种气氛之中，略有点摇晃地站了起来。这时，他恍恍惚惚地觉得自己仿佛置身于帝王群中。他内心欢腾地思考着：我们原本是佛罗伦萨有权势、有威望的家族，我正是光祖耀宗的那个。

"请问，您把望远镜带来了吗?"公爵问伽利略。

公爵的问话把伽利略从沉思中唤回，他连忙点头，说道：

"在我年轻的时候，每当我参加宴会时，我总是把我的鲁特琴带在身边。我常希望我会被请进乐队中，在席终人散之前演奏一曲迷人的乐曲。"他假装在长袍底下摸索。

这时，有一位威尼斯贵妇噘着嘴说："原来伽利略只带来了鲁特琴！我的总督叔叔曾告诉我说，他已经见过你那神奇的望远镜了，我真希望……"

"有机会指挥天上的星星舞蹈，谁还有兴趣参加地上的管弦乐队？很幸运，今晚天空清洁如洗，我要让您看到这辈子从未看到过的奇景。"伽利略直对着那位威尼斯贵妇人的眼睛微笑着说，"我有仆人正在看守着我的望远镜。"

这时，伽利略又转身对公爵说："请您告诉大家耐心等待，依次轮流观看。"

公爵点头答应。

伽利略愉快地带着他的望远镜走上王宫的高塔，公爵和各位宾客有说有笑，尾随其后。高塔的平台上，四周围着石墙，微风徐徐透出一种早春的凉意。经凉风一吹，伽利略的酒意顿消，他不再恍恍惚惚、随心所欲地开玩笑，而是细心地把望远镜调整好，开始给宾客当起了老师。他向围观的各位宾客说：今天晚上你们很幸运，将会观测到木星和他的四颗卫星——美第奇星群。

第一个用望远镜观看的是公爵，他从望远镜中看到了从未看到过的奇观。连声赞叹：太不可思议了，太美妙了。接着几位贵妇轮流观看，纷纷赞赏。然后是那位威尼斯贵妇人，当她走到镜前时笑着对伽利略说："如果能看得合我的心意，愿赏香吻一个。"

伽利略一笑置之。

威尼斯贵妇人从镜中清晰地看到了美第奇星群——一颗行星和四颗卫星。然后，她又要求道："且等一会儿，让我把它放低一点，……可能我会看到圣约翰教堂、箴言录和亮着的灯。天哪！难以置信，我看到了门口刻着的献词。"

旁边一位对伽利略的观测心存疑问的天文学家，忘记了礼貌，上前把贵妇人推开。他从镜中望去，仔细观察了很久，才抬起头来谦虚地对伽利略说："在这么多人面前，我必须恳请你原谅。我以前很愚笨地相信诽谤你的人，但是，高贵的主人，"他转向公爵，"我确实看见了木星。用这一镜筒，我可以看到我们神圣主教刻在教堂门上的箴言。那些诽谤你的人实在可恶，因为你从未使用过他们所说的那种诡计。"

这位天文学家的肺腑之言，让伽利略很感动，他的心中有一种说不出的高兴。他坚信乌云遮不住太阳，太阳总会放光芒的，别人的诋毁、误解都只是暂时的，真理终将战胜谬误，被越来越多的人所接受。

伽利略这次来罗马，主要目的就是为了拜会一些显赫的朋友，希望能得到他们的帮助，同时也想拜访教皇保罗五世，更希望得到他的认可。伽利略的朋友也曾这样写信告诉他说："昨天我晋见了教皇，我们谈论了你的工作，我告诉他你对他是无限崇敬的，如果你来这里，他一定会高兴地接见你。"

伽利略心里十分清楚，他的敌人正在处处算计他，想终止他的观察，封住他的嘴。罗马教廷里同样有许多亚里士多德派的学者，他们的势力正在逐年增强。

"伽利略这个人给我们制造了太多麻烦，"他们对教廷说，"他竟说亚里士多德和托勒密的地球学说是错误的。可是，教会一直承认这些学说，难道教会还会错吗？"

"如果我们对此听之任之，人们就会说：'教会在这些学说问题上是错误的，因此，恐怕教会在许多事情上都是错误的。'所以我们千万不能允许伽利略讲授哥白尼的学说，我们一定要把伽利略的书列入黑名单，书籍一上了黑名单，人们就买不到了。"

就这样，他们把伽利略和他的著作列入了黑名单。然后，教廷的领导人把伽利略叫到教廷，正式地告诫他："伽利略，你以后不要再讲授哥白尼的学说了，这是教廷的命令。"

这位领导人并非亚里士多德派，因此，在他传达完教廷的命令之后，又轻声说："伽利略，虽然我很支持你的理论，但我很抱歉，你一定要多加小心。你可以讲授哥白尼的学说，但你得说明'这些是哥白尼的学说，但教会不接受它们'。你千万不要说这些学说是正确的，而教会是错误的，你能答应记住这点吗?"

伽利略答应了。

从教廷回来后，伽利略便决定拜访教皇。

伽利略怀着忐忑不安的心情，来到了教皇府前，他让门卫向教皇通报了请求。

过了一会儿，门卫出来了，他告诉伽利略："你可以进去了，教皇现在想和你谈谈。"

保罗五世在自己的房间里接见了这位多次被人提起的奇人伽利略，并允许少数教廷中的随从也一起来听伽利略对望远镜及《星空信使》一书的讲解，当然，在讲解的过程中，伽利略很注意策略、方法及措辞，尽力回避了一些较为敏感的问题。这位世界上最伟大的科学家在和睦的气氛中与教皇等人进行了友好的交谈。

"伽利略，你别忘了你的诺言，"教皇保罗五世说，"你用不着害怕，只要我当教皇，我就会照应你的。"

伽利略弯着他那患有关节炎的僵直的膝盖向教皇行礼，他铭记了教皇的话，接受了教皇最珍贵的祝福。

又奔波忙碌了一天，虽然有些疲惫，但伽利略心底还是高兴的。伽利略回到了住宿的地方，略作小憩，便来到庭院中的花园里。

早春的夜晚，凉风习习。虽说万物都在复苏，但仍要经历寒冷的考验。伽利略感觉有点冷，他让随从拿件外衣给他披上，他的关节又开始在隐隐作痛了。

仆人扶着他回到室内，侍候他上了床，他自言自语地说："醉梦中的赞扬已经过去。我已渐入老年，应该少参加这种宴会。我应该把晚上的时间多用来读书和观察天文，谁也难以预料哪一天会风云突变，黑暗忽然来临。"

伽利略靠着床背半躺着，并没有马上入睡。他又把注意力转向自己的身体状况，这段时间，他几乎忘记了佛罗伦萨医生的警告："不要太辛劳、太激动，更不要吃喝过量。"

"当我还是比萨大学的学生时，常常又累又饿，但从不生病。"他在床上翻来覆去，关节酸痛让他难以入眠。他取出医生给他的药物，尝了一下，做了一个苦脸，又喝了一点，然后把剩下的丢在地上。

医生对许多病症也无能为力！伽利略一面想着，一面吹熄了蜡烛。他在心里想着：我幸亏没有听父亲的话，继续学医，不然的话，这世界上又会多一个笨蛋，也许同样连自己的痛苦也医治不了。

近来，伽利略对自己的病越来越担心了，他不止一次地想过，自己已人到中年，关节炎又时常发作，可自己的观测与研究不得不在晚上进行，现在的身体状况能够支撑下去吗？万一有一天可恶的关节炎让自己卧床不起，敏锐的脑力也因病情而退化，那么观察还能继续下去吗？这时，他想起科学家开普勒来，每当伽利略感到力不从心时，他总会想到开普勒。开普勒以自己的天才与勤奋，完成了老师未竟的事业，正是他继承了老师的多年心血，而且还发现了奇异的"开普勒星",指出了托勒密"宇宙永恒不变"这一理论的错误。可是自己呢？在自己病痛难忍的时候，仍能继续自己的研究与观测，发展哥白尼的理论，揭示宇宙的奥秘，使更多的人从迷途中觉醒，走上科学与真理之路吗？

就这样，伽利略一边忍受着关节炎的折磨，一边不停地思考着，又熬过了一个不眠之夜。

伽利略在罗马待了很久，因为他有很多事情要做。一天，他突然收到佛罗伦萨朋友的一封来信，信中写道：

"怎么还没有回来？这是怎么回事？你还在向那些亚里士多德派解释吗？你简直是在浪费时间，他们始终都不会认真听你的。回到佛罗伦萨来吧，你的工作在等待着你。"

第五章

晚 年 的 危 机

　　伽利略出版了代表他最高学术成就的《关于托勒密和哥白尼两大世界体系的对话》，但这本书却惹恼了保守派，并将伽利略送上了审判庭，使伽利略饱受各种痛楚。晚年的伽利略双目失明，在监禁中继续探索前行。

第一节　惹恼保守派

6月间，伽利略回到了佛罗伦萨，他带回了教皇传递给大公爵的祝福。大公爵为伽利略赢得了罗马学院的友谊感到高兴。

"假如我们生活在古城罗马，伽利略无疑可以获得在这首府建立一座纪念铜像的奖赏。"大公爵称赞道："伽利略，你为我们托斯卡纳赢得了很大的荣誉。"

伽利略从罗马归来后，一直全心投入自己的工作。由于繁忙，他没有整理自己的研究成果，可现在，伽利略想把自己的研究系统化，以回击那些不停地攻击他的人。

随着伽利略名气的增大，他的政敌也越来越多，就连德国也时常有人攻击他。在英国，有人多次怀疑他的发现。最令伽利略生气的是，一位匿名的天文学者自称是第一个发现了太阳黑子的人。

伽利略反复研读了那些反对报告后，感到忍无可忍，他准备尽快把自己的理论以书的形式在罗马出版。

可这时，不好的消息不断传来。虽说罗马之行令他欣慰，可现在接近教皇的朋友来信告诉他说反对他的人越来越多，他目前已被可怕的宗教审判会秘密监视着。

使伽利略感到震惊的是，罗马方面将他研究哥白尼学说的书籍列入天主教的禁书，他忍不住给迪尼主教写了一封情辞并茂的长信，他希望能影响检查委员会的决定，信中写道："要想使圣经上的文辞和新理论相调和，就必须有完备的新理论知识。"伽利略的抗议并没有产生任何作用。教会的代表们继续攻击他和他的一些门徒。于是，伽利略决定再次到罗马去。

可是，这次罗马之行并没有想象中的顺利，罗马已不再欢迎他了。没有宴会，没有邀请，没有前呼后拥，更没有称赞。他感受到的只是冷淡、躲避与蔑视。眼前的一切告诉他，这趟罗马之行不仅毫无收获，而且还是一个不详的兆头。

回到佛罗伦萨之后，伽利略搬到了附近一所美丽的小山庄。这里景色宜人。他开始修身养性，在花园中种植花草、果树及一些稀有的树木。

在山庄里，他设计并建造了一座装置望远镜和其他仪器的观测塔，不管书能不能出版，他都不能停止观测。

时隔不久，伽利略遇到了一件恼火的事情。格拉西神父多次发表攻击伽利略的言论。他写了一篇专门性的论文，指责伽利略的发现均系剽窃他人。其中还带有可能会造成巨大伤害和挑拨性的语言。面对格拉西的恶毒攻击，伽利略十分痛心，他对自己的朋友说："我能回辩他的谎言吗？我可以很简单地以几句话澄清剽窃的攻击，可是，有关牵涉哥白尼学说的事却很棘手。假如我现在宣布我不信哥白尼，更能使他振振有词，况且我也绝不会说这种违心的话；假如我完全不理会他的攻击，那样，他会认为我理屈，好像默认自己有罪一样。"

在罗马，有一名伽利略的学生，他一直非常欣赏、敬佩伽利略的才华，现在他已是教皇的秘书，在梵蒂冈很有影响力，他力劝伽利略替自己辩护，并答应支持他。

就在格拉西诽谤伽利略后的第三年，伽利略终于开始反击了。他写了一篇论文，文中尽量避免一些会立刻引起批判的激烈言辞，又强调说他能够解释这种新的宇宙论。伽利略把文稿送给罗马的审判会员们，最终侥幸获得了准予出版的许可。

论文出版的时候，伽利略已年过花甲，长期的疾病折磨与精神恐惧使他变成了一位衰弱的老人。可是，论文发表后引起的多方好评，又使他心情愉悦了很多，立即恢复了活力。他的儿子芬新从罗马传来了一个好消息：伽利略的老朋友兼保护者巴伯瑞主教最近升任了教皇，成了乌尔邦八世，统治天主教世界。乌尔邦八世很赞赏伽利略的发现，在一封赞扬信中还特别署名为"你亲爱的兄弟"。这真是一件意外的喜事，伽利略自言自语说："乌尔邦是我的好朋友，他总是愿意倾听新见解，我应该为他写一本书。"

伽利略写了一本书《实验》，并在扉页上印着"谨以此书献给我们教会的伟大领袖乌尔邦八世"。

教皇收到这本书很高兴。"每天用餐时读给我听。"他对手下的人说。接着，教皇亲自给伽利略写了一封信，"很抱歉，我无法将哥白尼的名字从黑名单上除去，"他写道，"你明白其中的理由，你必须接受这些事实。但我希望你继续做实验，实验的价值是非常巨大的，因为这些实验对你的同胞有用处。"

伽利略收到信后，心里还是有些欣慰的。伽利略在之后的日子里一直默默地工作着，他白天做实验，晚上观察星星，几乎每天晚上都记录行星和月亮的运动情况。与此同时，他背着审判会，开始偷偷写作，论证他自己关于哥白尼理论的研究与见解。

伽利略写得很慢，但对事实格外慎重，他是用意大利语写的。当时欧洲各国有学问的人都学拉丁语，且科学家用拉丁语写作。但伽利略并不是只为有学问的人写书。

"我以前通常用拉丁语写作，"伽利略说，"但我想让意大利人民看懂这本书，虽然许多人不识字，但他们的朋友会读给他们听。"

书写成后，伽利略将其定名为《关于托勒密和哥白尼两大世界体系的对话》，书中解释了托勒密的学说——地心体系，也阐明了哥白尼的学说——日心体系。这本书是一篇公正而诚实的报告，它正确地阐述了两位科学家各自的理论。

书中写道："这两位科学家，都是有学识的人，但他们对某些重要问题的解答各不相同。这里记录了他们的解答，哪些是对的？哪些是错的？我无法给你们回答。让事实说话吧。"

伽利略在这部代表他最高学术成就的伟大著作中确实花费了很多心血，出于谨慎，他对一些敏感问题的讲解字斟句酌。书稿完成后，他一遍又一遍地校读，时而增加一言，时而减去一语。到定稿时，他的头脑已不胜负荷，感到非常劳累。

伽利略的朋友看了《关于托勒密和哥白尼两大世界体系的对话》的书稿后，都非常赞赏，都说书中对一些问题的讲解很透彻。"但你的敌人绝不会喜欢它。"他们又补充说。

"当然，书印成后，我会将它呈送教皇宫廷，"伽利略答道，"如果教皇不喜欢书中的某些部分，我将修改。如教皇允许我出版，我的敌人就无法捣乱了。"

伽利略也许并没有想到，教皇宫廷中的朋友们把他的书稿读了三遍，他们大都是些正直的人，知道书中讲的都是真话。因此他们喜欢这本书，他们也清楚宗教会议中很多人一定会为这本书而大发雷霆。最后，教皇宫廷还是做了一些微小的修改，并允许伽利略出版此书。其中的一位好心人写信给伽利略说："你把书送到佛罗伦萨去出版，别在罗马出版，趁他们还没有来找麻烦时，赶快把书卖掉。"

伽利略按照建议做了，1632年春，《关于托勒密和哥白尼两大世界体系的对话》正式出版了。当时，罗马正流行着一场大瘟疫，因此那里的人并没有立即收到他的书，但欧洲各地的科学家都能买到。虽说他们不懂书中的意大利语，但他们的意大利朋友会用拉丁语读给他们听。

欧洲最伟大的一些学者纷纷给伽利略写信热烈地道贺、赞扬，其中坎波尼拉的赞扬是伽利略最重视的，他在信中说："这是真理的复兴时期……这个新体系和新观念掀开了新的纪元。"

对已近古稀之年的伽利略来说，经过许多辛劳后所得到的赞誉足以安慰他的心灵。书的出版使伽利略倍感欣慰，他终于把自己这些年辛勤劳动的结果公诸于世了，他清楚地知道他的书会使人类受益，也会使自己声名不朽。

一个秋高气爽的早上，伽利略来到花园中散步，他的关节炎已不容许他再做任何剧烈一些的运动。走累了，他就坐在他喜欢的橄榄树下的长凳上休息，顺便等待园丁的儿子。每次这孩子去佛罗伦萨办事，都会把这一星期的朋友的信件及儿子芬新的消息带回来。

直到快中午的时候，花园的门才被轻轻推开，园丁的儿子踌躇不前地站在那里，手里拿着一大把信件。

"你怎么不过来呢？为什么站在那里发呆？厨师正在等着你买的鸡蛋，我也正在等着你取回的信呢。"

园丁的儿子表情非常严肃，似乎是想说一些话，又不敢说，他哆哆嗦嗦地把一大摞信交给伽利略，伽利略发现他脸色苍白，手在发抖。一刹那间，伽利略的脑子里闪现出许多不祥的念头：这孩子出什么事了？还是芬新出事了？难道芬新一家染上瘟疫了吗？此时，伽利略的脸色也开始发白了。

"发生了什么事？"伽利略急切地问道。

"先生，先生，我一定要告诉您……"这孩子非常恐惧地说。

"是我的儿子芬新怎么样了吗？难道是他的家人？"伽利略追问道。

"我和他的夫人说过话，他们都很好，谢谢上帝，他们问候您。"园丁的儿子回答说。

伽利略长出一口气，在胸前画了一个"十"字。

"先生，原谅我带回来的消息，在市场里，我遇到——我不敢提他的名字，因为这是我偶然偷听到的……"

"那就不要提名字，只告诉我是什么坏消息。"伽利略催问着。"您看我手中的这封信，长长的信封，印有教廷的官衔。他和我一样不识字，他只是佛罗伦萨审查会的仆役，但他知道这封信。他昨天在他的主人的桌上看到这封信，是刚收到的，他听到他的主人说……"

伽利略已经猜到会是什么事情了，他努力使自己平静一些，说道："你把这些食物快送到厨房去，不要再提市场上听来的闲话。"

孩子走后，他急忙撕开信，全神贯注地读着。而后，他生气地把信扔到地上，他本想站起来，可是，双腿酸软无力，使他又跌坐在长着青苔的石凳上。

这是一封从宗教法庭寄来的信，信中令伽利略速去罗马宗教法庭报到，不得延误。伽利略知道灾难就要来临了。但此时他想到的不是自己的安危，而是爱女维姬尼亚，她现在已被分配到药房工作，非常辛苦，而且身体又十分虚弱。修道院中的病人也有被瘟疫侵袭的，假如他现在离开维姬尼亚，还真不知道能不能再见到她。这是伽利略的一大心病，想到这里，他心里一阵酸楚，两行混浊的眼泪从老人那清瘦的面颊上滚落下来，滴在潮湿的土地上。

10 月份的一天，伽利略的家里来了一位陌生人。"你必须在本月底以前到罗马去，宗教法庭想见见你。"陌生人严肃地对伽利略说。在那一瞬间，他突然想起了布鲁诺的命运，"也许历史又要重演了。"他对自己说。

伽利略已决定去罗马了。可他的医生十分焦急地劝他说："你的身体状况很不适合远行，即使你能够旅行，在这种潮气大、天气坏的情况下，长途旅行也非常危险。况且现在瘟疫还很猖獗，万一染上了这种病，依你现在的身体状况是很难康复的。"

"可是审判会叫我去报到，我又怎能不去呢，他们不就是要判我死刑吗？我还怕什么瘟疫呢？为什么要阻止我与我的敌人作战？"伽利略暴躁地说。

佛罗伦萨教会首领领了三个医生前来看望伽利略，他们一致认为，伽利略在这种情况下去旅行，的确只有死路一条。医生们共同签署了一份报告说："伽利略病情严重，无法出门。"审判局把情况报告给了罗马，说伽利略自己很愿意前往受审，但医生报告要求延缓。另一位佛罗伦萨的高级官员也写信给罗马当局，信中说："可怜的伽利略病重多日，卧床不起，随时都有可能到另一个世界报到而无法前往罗马。上帝说过：'我不要求罪人死去。'"

但罗马的宗教法庭是无情的："只要他能勉强成行，就把他抓起来，锁上铁链，押到罗马！"

这时，伽利略又收到了一封从威尼斯寄来的截然不同的信。"我们听说罗马教廷要把你送入监狱，"信中写道，"千万不要去罗马。如果他们把你投入监狱，你就会死在狱中，回到我们这里吧！别忘了，我们不怕宗教法庭，你在这里，他们不能把你怎么样。我们会照顾你，可以出版你的书。"

可伽利略并没有接受威尼斯的善意安排。"我得去罗马，"他说，"不仅在威尼斯，我还要在意大利各地发售我的著作。因此，我必须回答罗马的问题，我在那里仍然有些朋友。"

费迪南德非常伤心，他对伽利略说："如果你非要去，由我来负担一切费用，我派人送你去，我的医生陪你去。到了罗马，你可以住在我的私寓中，尼科里尼会很好地照顾你的。"

整整三个星期，伽利略都是躺在担架上，颠簸在去罗马的旅途中。他的身体被病痛侵袭着，思想被各种不祥的预感煎熬着。到达罗马时，他已头晕目眩，连迎接他的朋友都认不出来了。

第一个走近担架和伽利略握手的人是佛罗伦萨驻教廷大使尼科里尼。伽利略前几次访问罗马时，尼科里尼都热情地款待了他，尼科里尼不是那种趋炎附势的小人，这些年来，他一直冒着风险帮助他所敬佩的科学家伽利略。

大使把伽利略接入使馆，安置在他以前住过的舒适房间里，并由原来服侍过他的人前来侍候他，大使本人甚至亲自给伽利略调配饮料，这使伽利略万分感动。

来到罗马的第二天，尼科里尼来到伽利略的房间，坐下来和伽利略聊天，伽利略终于问出了他这些天来百思不得其解的一个问题："教皇陛下为什么转而反对我呢？我们是非常好的朋友，他称我为'亲爱的兄弟'……"

尼科里尼打断了他的话："这样说来，关于教皇变心的传言并没传到佛罗伦萨？我实在不想再重述这一段无稽的谎言，但是，你也该了解一下，以便替自己辩护。事情是这样的，你的《关于托勒密和哥白尼两大世界体系的对话》在佛罗伦萨出版以后，教廷里的那些人十分恼火。他们既不公平，也不正直。他们商量出了一个阴谋：给教皇一个假报告，使教皇发火，然后查禁这本书。"

原来，这伙卑鄙的家伙在读了伽利略的书之后，便大加杜撰说："这本书里写了三个人，第一个代表托勒密说话，第二个代表哥白尼说话，第三个人名叫辛普利邱，是代表教会说话的。辛普利邱之所以接受托勒密的学说是因为这些学说古老。他不能独立思考，愚蠢地回答了哥白尼的问话。我们一定要告诉教皇，辛普利邱就是教皇本人的画像。"

于是，这些人和教皇说："您是教会的领袖，因此，您就是辛普利邱，这是确凿无疑的。伽利略在这本书里把您描写成蠢人。如果人们读了这本书，他们就会嘲笑您。千万不要允许伽利略出售这本书，更应该把这本书列在黑名单上。"

乌尔邦八世听信了这个假报告，知情的人都说，他对此确实大为恼火。

听了尼科里尼的解答，伽利略大为震惊，他觉得太冤枉了，愤愤地说："天啊，怎么会有这样的事，我怎么有心影射教皇呢？真是胡说八道！我是一个虔诚的天主教徒，有什么理由要戏弄他呢？"

最后，尼科里尼谨慎地告诫伽利略："在审判庭上，绝不可提及我告诉你的任何一句话，乌尔邦教皇也绝对不会承认他是因个人情感而对你的书发怒的。同时，他也绝对不会像过去那样接见你。不过，请信任我，我已尽我的一切能力替你效劳，现在，我们仅能期望，你的好女儿的祷告能使上帝软化那些审判员的心肠。"

伽利略叹了一口气说："愿我能很快地见到他们，这样悬疑的生活已过得太久了，真是生不如死啊！"

第二节 扭曲的宗教审判

伽利略来到罗马已经两个月了，他一直住在尼科里尼大使豪华的住宅里。这段时间，除了和大使尼科里尼来往以外，法庭禁止他与罗马的任何人接触和通信，更不允许他去大使住宅外的任何地方，其实，这里也就是一座没有围墙的监狱。在这里，伽利略除了有沉重的精神负担，余下的大多是休息时间，两个月的休息，使他恢复了一些体力。伽利略常常坐在走廊下欣赏三月里和暖的阳光，感受春风的吹拂，反复阅读爱女维姬尼亚的短信，她总是把一些希望带给父亲伽利略。

一天，伽利略正坐在那里看信，尼科里尼来到他身边，大使非常清楚修女维姬尼亚带给他父亲的安慰，也知道她所在的修道院里上至院长下到佣童，都在为久别的伽利略祈祷。伽利略看见大使来了，将信递给他说："你来看，这封信是邮差刚给我送来的。"

尼科里尼仔细地、缓慢地读着信，赞扬着维姬尼亚对父亲诚挚的爱，似乎是在故意拖延他要说的话。

待伽利略把爱女的信收起来后，尼科里尼才轻言轻语又很认真地对他说："你离开我这里以前，一定要先给维姬尼亚写一封回信，因为宗教法庭已发来谕召，你马上就要离开这里了。"

"难道他们要把我关进牢狱？"伽利略吃惊地问道。

尼科里尼继续说道："审判会的规定是，在实际审判期间，受审人必须住在旦米尼克修道院内。你曾经去过那边——明内瓦教堂隔壁的那幢建筑。我会派一位我最信任的佣人服侍你。我已获准从家里给你送饭，另外，再给你送一些纸、笔、文具等，让你打发时间，有事可做，不会感觉是在坐牢。你要答应我，好好地、勇敢地去战斗，为了你自己，也为了那么多敬佩你的朋友。"

伽利略默默地听着尼科里尼的话，心情非常沉重，他想象着宗教法庭对他的审判，但宗教法庭的审理程序到底是什么？大使从来都没有提过，不过，有些泄漏出来的细节告诉他：受审判的人必须保守秘密，受审判的人永远见不到控诉他的人，通常和民间法庭一样，他们经常采用最恶毒的刑具逼迫犯人招供。伽利略想到这里，垂下头来，手指颤抖着在胸前画了一个"十"字。

伽利略来到旦米尼克修道院的第二天早晨，便由侍者搀扶着走进了宗教法庭的审判厅。伽利略心里很忐忑。审判厅里有三个身穿黑色长袍、头戴黑色小帽的法官坐在长桌后面，他们看见受审人很虚弱，就叫人搬来一把椅子让伽利略坐着。坐在被审判的席位上，面对三个威严的法官，而没有一个护卫他的人在身旁，伽利略感到很孤独。他抬头望见长桌后高悬的十字架，嘴唇颤抖着在向圣母祷告。

过了一会儿审判开始了，一位法官用木槌敲了一下桌子，向伽利略问道："你是伽利略·伽利莱吗？你是不是写了一本论述托勒密和哥白尼的书？"

"是的，这本书是教廷允许我出版的。"伽利略辩解道。

"他们不知道实际情形，他们不知道你在1616年所许下的诺言。那一年，我们就在这里召见了你，你答应过不讲授哥白尼学说，也不著述有关这方面的东西。"

"这不对，我只答应过不讲授哥白尼学说，我一直信守诺言没有讲授。现在我写书论述哥白尼学说，也只是在说哥白尼学说与托勒密学说不一样，但我从来没有说过哥白尼学说是正确的。我在'前言'中已经说过，哥白尼学说仍然只是一种假设。""你错了，请你看看这张纸条，日期是1616年，条上有你写的答应不写作论述哥白尼学说书籍的字样。"其实，在这张纸条上，并没显示出谁签署了这份假报告，报告下面又是谁的署名，什么也没有。

伽利略心里很清楚这张纸条是伪造的，但他已年迈病重，无力证明这一点。他的敌人很狡猾，而他又处在他们的管辖之下。

"教皇对你很生气，"他们说，"因为你违背了自己的诺言，所以你得进监狱。"

伽利略声音单调，机械地回答着法官提出的每一个问题。他已经是一个年迈的病人，虽说他曾经是一位用机智、聪慧、健康的身心来观测星球的人，但如今，他已说话不太清楚，且常有思维含混不清的现象。

到审问结束时，伽利略已精疲力竭，无力从椅子站起来，他的侍者和另一位旦米尼克助理修士从两边搀扶着他回到住的地方。

伽利略在心底坚信着：不管自己是死是活，真理是不可能被压倒的。如果哥白尼学说像他相信的那样真实，那么，谁的话也不能把它埋葬。没有任何法律能使地球静止不动。面对法官，最后他气愤地说："自从要我放弃哥白尼的主张以来，我没有坚持，反正现在我在你们手里，你们高兴怎么办就怎么办吧！"

这位受审判的囚徒，在受审过程中，是否遭受过严刑拷打，由于当时没有旁听的人，他本人后来也没有对任何人说过，因此人们也无法知道。但是，在他所控诉的恐怖情形中，曾提供了法官的威胁言辞。

伽利略经常悲痛地想着：他们会不会把自己一直拘留到死去？或者自己会像布鲁诺一样在圣安东吉勒的石牢里度过最后的日子？他想着那残酷的现实，广场上充满着仇恨的面孔，受刑人站在空地上竖立的一堆余焰未熄的灰烬之中，在烈焰升腾中的呼唤……

伽利略不止一次地听说过，宗教法庭为了达到险恶的目的，常会给犯人一丝假安全感。有一天，他终于没有被叫去法庭受审，而是法庭派了一个法官来访问他。法官来到伽利略床边，满怀同情地像一个朋友似的坐了下来，没有威胁，没有指控，仅表示希望犯人能认识和放弃自己的错误。

这随意的会谈进行了好几个钟头，交谈中充满了陷阱，使年迈的伽利略难以招架，伽利略心里计划着少说为妙。但是，又觉得说多了有助于法庭了解他的真实想法，不说反而可能被认为是自己承认有罪。

这天晚上，伽利略终于有一些自由时间了，他勉强让自己吃了一点东西，这让侍候他的人感到一丝安慰。

"您已经一整天没有吃东西了，这是大使送给您的美味干果，这是一些野鸡肉。"侍者殷勤相劝。

"我只要做点活动，胃口就可恢复，"伽利略告诉侍者，"你带给我的食物足够给干重体力活的人吃一天了。你也过来帮我一起把这些东西消灭掉。"

"我不敢，先生。"侍者胆怯地说。

伽利略笑着说："你是不敢和宗教法庭的囚犯共餐吗？"

"我当然不是这个意思，"侍者说，"我是说，像我这种身份的人，怎敢和像您这样伟大的科学家共席！"

餐桌收拾完毕，侍者侍候伽利略脱衣就寝。他仍是情绪不稳，无法入睡。他思前想后，心中充满疑虑和恐惧。

无休无止的等待、煎熬使伽利略觉得度日如年。法官如果想用这种方法把他拖垮，是十分有效的。有增无减的焦虑，已使他难以忍受。在被囚禁的第 12 天上午，他被传到法庭。临走时，他老泪纵横，像一个小孩，紧紧握着侍者的手不放。

"我现在要再去见他们，我会请求他们发发慈悲，赶快判罪。再像这样在煎熬中度日，我实在是受不了了，我宁愿早点死去！"

伽利略没有再被传讯，宗教法庭宣布他的案子正在复审当中，他现在可以回到佛罗伦萨大使尼科里尼的住所去等候最后的判决。

尼科里尼对伽利略十分敬佩，对伽利略的照料无微不至，在他的精心照顾下，伽利略的体力恢复了许多。他写信给爱女维姬尼亚，维姬尼亚的回信永远能带给父亲温暖和慰藉。虽说他的视力已减退了不少，但他仍旧阅读、研究大使给他带来的许多书籍。两个人时常坐在花园中探讨各类问题。尼科里尼大使曾告诉他，即使判刑，也不会太重，但伽利略仍很焦虑，而且时常梦见关押布鲁诺的石牢和火烧布鲁诺的广场火柱。

1633 年 6 月 22 日，宗教法庭再度开庭，伽利略又一次被传讯，又一次走进令人恐惧的法庭。伽利略紧紧抓住侍者的手臂，浑身战栗着。

侍者安慰他说："先生，您要勇敢些，一切很快就会过去的。"

正在这时，一个修士助理走过来扶着伽利略，来到阴凉的走廊上坐定，并给了他一份文件。伽利略仔细地将文件从头读到尾，脸色也由白变青。侍者看着伽利略老人这个样子，心里非常难过，他再次鼓励老人要勇敢些，坚强些。

这时的伽利略已经平静下来，他尽力挺直腰杆，走到这群法官的长桌前。一位法官宣判他需受严厉的审判。之后，伽利略便被带进了残酷的刑房。这最后一次审判的情形，没有一个人知道。三天之后，伽利略终于被放了出来。

放出来的伽利略更加苍老，精神更加疲惫，心情更加沮丧。法官说："伽利略情愿悔罪了。"

最后判决的时间到了，伽利略站在法庭上，静静地听着法官宣读判决书。法官面前是一张长桌，长桌上燃着两支蜡烛，照耀着一本巨大的《圣经》。

一句一句、一段一段、一页一页，法官用冷酷单调的声音宣读着判决书的内容。伽利略硬撑着站着，听着法官历数他的所谓"罪恶"，判决书上指责他在《关于托勒密和哥白尼两大世界体系的对话》中附会异端邪说的哥白尼理论，并为其辩护；更斥责他不服从神圣教会的命令，顽固地传播哥白尼的"日心说"；抨击他发表《关于太阳黑子的信札》是"反对圣经的真正精神和权威的各种原理"，"引起神圣的信仰遭受毁灭和愈益扩大的混乱和毒害"，……最后，宣读判决条文如下：

我们判决：伽利略《关于托勒密和哥白尼两大世界体系的对话》禁止流传；判处伽利略监禁，监禁年限由本法庭另议；并处分伽利略每周读七篇悔悟赞美诗三年。

法官读完判决后，把脸转向伽利略问道："伽利略，你是否愿意痛改前非？"伽利略茫然地点头，自己也不知道自己到底做错了什么，他只想快些离开法庭，快些逃避前面那些可恶的面孔，只想躺在床上伸伸腿，只想好好休息一会儿，只想舒舒服服地睡上一觉。

"现在，弯下你的膝盖，把手放在这《圣经》上。"一位法官指着伽利略说。

伽利略的身体状况显然不适合做这些，但他仍坚持做了，他费了很大的力气，才将双膝下屈。一个修士将《圣经》拿近，让他的手能够接触到，另一位法庭修士递给他一卷纸。

"你现在开始朗读这份文件。慢慢地大声地读，让制作这份文件的全体法庭人员都能听到。"又是那位法官对伽利略说。

伽利略轻声说："谢谢你，神父。"然后，带着口吃的声音，开始朗读他的誓言：

我，伽利略，是芬琴齐奥·伽利莱之子，现年70岁，为佛罗伦萨公民，犯罪被囚，现跪伏天主教诸主教之前，我前面放置《圣经》，我用手抚着《圣经》，我誓言放弃、诅咒、摒绝那错误而荒谬的地球运转邪说。

虽说这位可怜的老人，跪在审判他的主教面前，宣誓以后绝对服从教会的命令，而且绝不再宣传"错误的地动说"。可是，他的内心并不屈服，在审判退席时，他仍自言自语地说："我虽然不再说地球在运动，但地球仍然是在运动着的呀！"

教皇乌尔邦也可能觉得他对自己的朋友做得有些过分了，所以当费迪南德二世向他提出要求给伽利略以宽容时，他很欣然地允许了。7月间，审查会准许伽利略离开罗马，允许他到锡耶纳的朋友——大主教皮柯罗米尼的私宅去住一段时间，享受适当的自由。

锡耶纳这位大主教的豪华住宅，一向是意大利将军们、大主教，甚至教皇都喜欢去的地方，住在这里，伽利略的羞辱和痛苦也确实减轻了不少。名义上仍然是受大主教代表教会看管，但大主教私宅上上下下的每一个人都把他当作贵宾看待。在锡耶纳的这段日子里，伽利略的心情好多了，身体的虚弱也慢慢得到了一定程度的恢复。同时，他也常常接到爱女维姬尼亚从修道院寄来的安慰他的信："我要告诉您，亲爱的父亲，我们这里全体长官、修女听说您已到锡耶纳，大家都高兴得不得了。听到这个消息，院长和很多修女都来拥抱我，激动得哭了！"

这次屈辱的经历，使伽利略的情绪一直非常低落，他给女儿的回信中这样写道："我的名字已从活人的名册上剔除了。"

维姬尼亚知道父亲的情绪仍很低落，又写信安慰父亲说："说真的，您如今在这里比以前更受大家爱戴和尊敬了。不要说您的名字已从世人的辞典中勾销了这种话了，因为事实并非如此，您的名字无论是在您的祖国，还是在世界其他国家都是不可磨灭的。而且在我看来，如果您的名誉和声望一时受到损害，那么不久后您就会享有更高的声誉，这似乎是很奇怪的，因为据我所知，还没有一个人在他的祖国被视为先知。"

维姬尼亚对自己的世俗私有财物从未料理过，她只在修道院里安静地生活，但这次她却替离家后的父亲照管小山庄和花园。在那段时间里，她清楚地记录着山庄里的水果卖掉了多少，葡萄因冰雹和被偷损失了多少……她等待父亲的归来。

"当您在罗马的时候，我心里想，您要是在锡耶纳该多好！现在您在锡耶纳，可我又想：'您要是在我身边该多好啊！'但愿上帝赐福给我们。"

维姬尼亚给父亲写的另一封信提及一些依赖修道院救济粮食的贫民需要他的帮助。她还提到了修道院内一个可爱的修女茜薇亚，患着肺痨，生命垂危，年龄才 22 岁。她对自己有增无减的虚弱从未抱怨，但最后，她还是绝望地哭泣着，希望自己在死亡前能见到最亲爱的父亲一面。

伽利略把维姬尼亚的信拿给大主教皮柯罗米尼看，他希望自己能回到女儿身边去，陪伴女儿。大主教很同情维姬尼亚，他联合其他几位教会人士，申请准允伽利略回到靠近孩子们的阿切特里去。申请获得了批准，但附带有两个条件：第一，不得在未获准前去佛罗伦萨；第二，住在阿切特里期间，除了到修道院做弥撒及看望女儿外，不许离开住所，不得在住所接待或"一次聚集许多人"，或举行任何科学演讲。其实，伽利略心里非常清楚，即使不受这些限制，佛罗伦萨的审判会也会随时注意他的每个行动，并会将所有动静报告给罗马。但现在他已经不再希冀什么，他只希望能早点见到他的女儿维姬尼亚。

伽利略马上写信把这个消息告诉维姬尼亚，说拘留五个月后就可以返家了，但维姬尼亚给父亲的回信却使伽利略大吃一惊，因为维姬尼亚已经衰弱到连把心里久蓄的喜悦表达出来的力气都没有了："我想我等不到那一天了，也许，上帝会恩准我这么一次。"

终于在一个凄风苦雨的日子，父女俩在修道院的一间接待室里相会了。在宽大的修女服下，维姬尼亚骨瘦如柴，她毫无血色的脸上已印有死神的印鉴，只有眼神中仍闪烁着旧有的温柔。他们谈了许多事情，直到铃声召她夜祷。

"为我祷告，孩子，我最需要你的祷告。"伽利略轻轻地抚摸着维姬尼亚的头发说。

"我会永远为您祈祷的，爸爸。"维姬尼亚回答后很快转过身去，抹了一把眼泪。

就在伽利略回阿切特里几个星期后的一天，维姬尼亚被抬入修女们永久安息的墓地，她年仅 33 岁，却像饱尝悲哀的老妇人一样，含恨而去。

自从维姬尼亚离世以后，古稀老人伽利略终日在山庄散步，他无比孤独，无限忧伤。他也常常一个人到女儿的墓前，抚摸着墓碑，呼唤着女儿的名字，站立好久好久。

第三节　监禁中继续探索

没有了维姬尼亚的照顾，没有了朋友们的交往，没有了对科学的研究，年过古稀的伽利略感到生活压抑，待在这个小小的山庄里，他非常寂寞，整天郁郁寡欢。

一天，一个陌生的年轻人来到小山庄，他告诉了伽利略自己的来意："我叫维维安尼，曾跟随圣芳济修道士学习数学和其他科学知识。这位修道士劝我来向您求教，做您的弟子。伽利略先生，我愿意不要任何报酬来替您分担一些工作，也可以陪陪您，减少您的孤独。"

伽利略抬起头仔细端详着这位年轻人，思考着他说的话。他为年轻人的求学之心所感动，便答应了他的请求。他为自己在困境之中能收下一名学生而感到高兴。

年轻人维维安尼的到来，确实给郁郁寡欢的伽利略带来了一些安慰，从此，他暂时忘却了孤独与悲伤。他经常与他的学生一起散步、聊天、探讨学业。他发现维维安尼和自己一样，出身于佛罗伦萨的一个世家，因时运不济，如今家道中落。因此，他也越发喜欢这位学生了。

每天，这一老一少都埋头于教和学，他们在讨论数学问题中熬过了一个又一个漫漫长夜。维维安尼天资聪慧，进步飞快，伽利略常为这位后起之秀感到骄傲。他从不会刻意去夸奖某一个学生，但对维维安尼似乎例外，在一股热情的冲动之下，他曾激动地说："但愿在罗马的那些不愿相信我的人，也具有像你这样丰富的几何知识。你还这么年轻，将来一定会前程远大，但是，"他哀叹了一声说，"我不会有机会庆祝你的成功了。"

时间久了，审判会对伽利略的看管有点放松了，伽利略又饱含激情地回到他的科学研究上来了。

"我像你这么大时，"一天，伽利略对维维安尼说，"愿意自己动手制作玩具。这些玩具都是些小机械和小仪器。后来，我在帕多瓦时，有些人到我家里替我制作，他们仿造我的仪器，如望远镜、显微镜等。"

"我打算制作些新仪器，过去我一直想研究船舶和海洋，但总是没有空闲的时间，现在我终于有充裕的时间来研究了。"

"你乘船远航过吗？"维维安尼问道。

"没有，我从来没有这样的机会。也许有一天你会有这样的机会，"伽利略答道，"如今，船只通航全球。但自古以来，船舶本身没有多大变化。譬如说，船只仍然很小，装载不了多少东西，既浪费时间，又浪费金钱。"

"再说我们在风暴中还会损失许多船只，也许是船的重心太高了？我一定得研究船只的形状和重量。"

"为什么物体能在水中漂浮？"年轻人问道。

"物体之所以能漂浮，是因为它们比水轻。一些老师认为，扁的东西能漂浮，圆的东西往下沉，那是亚里士多德的见解，是错误的。那些老师应该读阿基米德的著作，而不应该读亚里士多德的书。"

"阿基米德是怎么说的呢？"

伽利略耐心地给维维安尼讲了王冠的故事。"现在你可以做个实验，"伽利略接着说，"把一个罐子装满水，放一个物体进去，会有少量的水溢出来。称一称这部分水的重量，如果这部分水比物体轻，物体就会下沉；如果水比物体重，物体就会漂浮。"

维维安尼试验了几种不同的物体，很快就发觉阿基米德的说法完全正确。"可是，老师，这对我们造船又有什么用处呢？"他问道。

"瞧这只铁做的小罐。铁比水重得多，对吗？如果我把这个罐放在水里，它就会浮起来。瞧，浮起来了！为什么铁罐会漂浮呢？你的实验已经做了回答。"

"这么说，如果船是铁做的，也会浮起来？"

"当然了，船就会像这只罐子那样浮起来。我们不能造大船，那是因为我们使用的是木材，木船如果太大，就不坚固。如果用铁造一艘大船，船就会很坚固，重心也会很低。也许这种船航行较慢，但能装载很多东西。"

许多年以后，人们开始用铁制造船只。他们记住阿基米德及伽利略的实验，因此人们所造的船能毫无困难地漂浮起来。起初，这些船使用风帆，后来又使用发动机，而且船越造越大。1936年，"玛丽皇后"号入海航行，船身长达300多米。

伽利略的望远镜也使他自己想起了航行的事。他问维维安尼："人们环球航行时，怎样辨认方向呢？"

"可以根据星星来判断方位。"维维安尼不假思索地回答。"理论上这是对的，可你知道那有多困难吗？星星又远又小，船只在海上会不停地颠簸，因此人不能平直地拿着仪器，另外，时钟也不够理想。如果你要确定方位，就必须知道准确的时间。为什么呢？你能告诉我吗？"

"因为地球在旋转，所以星星看上去在空中移动。"

"你太聪明了，孩子！但你讲这种事情时要说得轻声些，隔墙有耳啊！"他们俩笑了。伽利略接着说："我打算制作一件专用仪器，人们可以用它来观察木星，能毫不费力地确定方位。"

"为什么要观察木星呢？"

"因为木星是最大的行星，因此找到它并不困难。人们还可以用望远镜看到木星的4颗卫星，这些卫星每年围绕木星旋转约1000圈，因此木星及其卫星总是能告诉人们正确的时间。"

有人在船上试验过这种仪器，确实很管用。但它也有一些缺点，而伽利略又不能亲自去实验，因此人们很快就忘记了这种仪器。

　　一个初春的早晨，伽利略正在散步，突然间他萌发了一种新的念头，自从爱女维姬尼亚去世后，他很少有过如此的冲动和欢乐。他觉得自己不能再研究天文学了，因为教会一直看着他，是不会让他再研究天文学的，那么为什么不去从事另外一种"安全"题目的研究呢？他早期的兴趣不正在数学和物理学上吗？他一下子联想到了动荡的钟摆、脉搏仪、温度计、斜塔实验、两脚规等。

　　他决定采用希腊哲学家们用的对话方式把他的研究写下来，每一个题目同样利用三个辩论人的讨论来完成，论题的范畴不再是天文学，而是比较安全的物理学。伽利略在书中以最长的篇幅详细解释他对落体定律、动能、热能和重力的观点。但他万万没有想到正是在他去世的那一年，在英国出生了一个小孩，继续了他的研究，坚持了这一真理。哥白尼、伽利略、牛顿……一个接一个地把这火炬传递了下去。

　　这本著作是伽利略多年来科学实验的结晶，他把它命名为《关于两门新科学的对话与数学证明对话集》。书稿完成后，他用年轻时的那股热情写信给一位朋友说："这本书比我以前出版过的任何一本书的内容都要优越……因为它包含有这些结论，这些我认为是我所有的研究中最重要的结论。"

　　由于伽利略已经被教会判了刑，因此，他的这本晚年著作既不能在罗马出版，也不能在佛罗伦萨出版。他的朋友麦肯齐欧修士曾向威尼斯的宗教审判官申请出版伽利略这本书，审判官对麦肯齐欧说，根据禁令，伽利略的任何著作无论是过去的还是现在的都不得出版。麦肯齐欧也很生气地反问道："难道伽利略想编一本'祈祷文'也要被禁止吗？"

当麦肯齐欧把这一情况写信告诉给伽利略时，伽利略才真正意识到了问题的严重性。于是，实在没有办法的伽利略只能把偷偷抄写的书稿交给一位非常敬重他的科学家带到荷兰出版了。这件事又使伽利略想起了哥白尼，哥白尼是在去世前的最后一刻微笑中，见到他自己的不朽著作的，难道这件事也要在自己身上重演吗？伽利略暗暗想道。

1637年，《关于两门新科学的对话与数学证明对话集》印刷完成，为了避免宗教法庭的干预，伽利略极力否认自己与该书的印刷有关，他对教廷辩解说："手稿我确实让几位科学家看过，但我当时并不知道他们打算印刷这本书，我以为他们只是想读一读而已。"

宗教法庭极为恼火，伽利略的朋友却笑了，他们说："他已经74岁了，眼睛也看不清了，但罗马的达官贵人们仍然惧怕他那支笔的威力！"

也算幸运，伽利略的那群罗马敌人，正忙于战争，没有更多的时间来追究他的"违法"，而读过此书的人，也确实从中找不出什么违禁之言，因此，教会逐渐不再过问此事。

《关于两门新科学的对话与数学证明对话集》一书主要讲的是物理学基础领域中的两个课题，即物体结构和运动定律。伽利略很巧妙地把两个问题结合在一起，提出自己的见解与看法。

晚年的伽利略虽说是在教会的监视下服刑，一切行动都失去了自由，但他并没有放松对科学的研究。《关于两门新科学的对话与数学证明对话集》出版之后，他仍然在探讨自然运动的各种规律，并经常向维维安尼传授新的知识。

"如果一个物体是静止的，那么它怎么能运动呢？"有一天，伽利略向维维安尼提出了这个问题。

"一定有另外一种力在推或拉这种物体。"维维安尼回答说。

"这就对了。那么会是哪些力呢？天空中只有一种力，那就是重力，如果一个物体往天上飞得很高，重力就不可能再把该物体拉回来。物体就会继续前进，永不停止。"

"永不停止！"维维安尼极为惊愕，连问题都不会提了。伽利略紧接着说："别害怕，你不会从地球上飞出去的。就在这下面，有很强的重力，还有许多其他的力。比如说，你用大炮发射炮弹时，会出现什么情况呢？"

"炮弹会笔直向前冲一段距离，然后突然掉下来。我们学校的老师是这么说的，老师说得对吗？"

"当然不对，那是亚里士多德的见解。你们的老师讲过这是什么原因吗？"

"他说两种力不能同时推动一个物体。因此，正当大炮的力把炮弹向前推进时，重力不可能把炮弹拉下来。"

"他完全错了，"伽利略说，"重力会立即开始将炮弹往下拉。同时，风力也会把炮弹往一边推。因此，有三种不同的力同时作用于炮弹。其实还有第四种力，那是什么力呢？"

"空气的阻力，"维维安尼回答道，"空气要阻止炮弹前进。"

"对了。现在来看看这张图吧。"伽利略拿起铅笔和纸，画了一门大炮。

"炮弹离开炮口时会怎样呢？起先，大炮的推力大于重力，因此炮弹会上升。"

"但是，这个推力会逐渐减弱，因为重力和空气不断阻止炮弹前进。重力会慢慢地把炮弹往下拉，使其离开炮弹射出直线，向下落。"

"如果这样分析是对的，那炮弹不是沿直线前进，而是沿曲线前进的？"维维安尼问。

"对。当重力与大炮的推力刚好相等时，炮弹就处于曲线的顶峰。然后，炮弹就开始下降，但不是笔直下降，为什么？因为大炮的力在继续使炮弹前进。"

伽利略的看法对吗？物体能飞上天空而"永不停止"吗？当时许多科学家认为这是不可能的。他们觉得伽利略晚年的见解只是一个老年人的梦幻而已。

但牛顿却说："对，这些看法是正确的，我们可以把这些见解写成科学定律。下面是第一定律：'只有力才能推动物体，没有力就没有运动。一个物体开始运动时，是沿直线运动的，只有在外力作用于该物体时，物体才能偏离直线。'第二定律是：'力的大小不同，运动的变化也不同。'"

以上两条定律虽然都是牛顿提出的，但实际上是来源于伽利略的心得，换句话说，是牛顿用科学的语言阐明了伽利略的见解。

牛顿还研究了伽利略的轨道学说。有一天，牛顿说道："我要把物体送入环绕地球的轨道，我们知道重力在空中较弱。如果我们想摆脱重力，得上升多高呢？2 千米？10 千米？我们不知道，必须进行实验。"

在我们倾力开发宇宙的今天，我们绝对不会忘记是伽利略最早向人们指明了通向月球的道路，是他的一系列理论与发明引发了后人许许多多的启发与思索。

第四节　带着遗憾离开

1637 年的夏天，伽利略常常觉得看不清楚东西，他的视力越来越差，有时会觉得眼前一片昏花，书得放到鼻尖前才能隐约看清一点。不到一年工夫，伽利略的右眼完全失明了，而左眼的视力也极度衰退。1638 年 12 月，左眼也经不住劳累，视力完全丧失，至此，伽利略的双眼完全失明。他再也看不见事物了，再也不能观察天象了，这对于一个喜欢观测天象、热心研究运动的科学家来说，是多么沉重的打击，因为这比以往任何一次迫害都更残忍。伽利略曾痛苦地、慢慢地口授了一封信给他的一位朋友，这位朋友是居住在巴黎的自由派新教徒，曾将伽利略的《关于托勒密和哥白尼两大世界体系的对话》一书传播到新教世界。伽利略的信上这样写道：

> 可敬的先生，已收到你的来信，信中询问我的健康情况。我很悲伤地告诉你，我的体力恢复了很多，但是，你忠实的朋友伽利略已无可救药地完全失明了。这天空、地球、宇宙，我曾经越过以往若干世纪的限制，将它放大 100 倍和 1000 倍以上去观测、去演绎，如今，我自己却只能萎缩在一条狭缝中。这会使上帝喜悦，因此，也将使我乐天知命。

佛罗伦萨卓越的数学家卡斯特里教授，对他敬爱的老师的双目失明感到十分痛心与难过，他说："大自然中一双最高贵的眼睛失明了！这双禀赋特异的眼睛见到前人所未能见，为后来者开启了宽敞的能见之门。"

卡斯特里是个行动派教士，也是伽利略的忠实门徒，他不但在言语上安慰伽利略，而且行动上联合有影响的人士向罗马教廷请求准许伽利略去佛罗伦萨就医。但是，这一请求遭到了拒绝。

在这种不利的情况下，卡斯特里又提出了另一请求，他请求宗教法庭准许伽利略搬到他儿子在佛罗伦萨的住处，同时附上了医疗诊断证明书，说明伽利略身体衰弱的状况，并宣布了他双目失明的消息。最后，那些反对伽利略的人认为，现在的伽利略年迈体弱，双目失明，实在是没有什么可令人担忧的了，所以就答应了这项请求。不过，他们仍然要求，在伽利略搬入儿子住宅前，必须到佛罗伦萨审判庭接受一次审判。

伽利略再一次来到佛罗伦萨，再一次接受审判庭的审判，审判会的法官告诫伽利略，必须遵守三条规定：第一，除了到距儿子家最近的教堂做弥撒外，不得离开住宅；第二，任何情况下不得与任何人谈论哥白尼学说；第三，任何时候，不得接见任何宗教法庭认为可疑的邪说分子。如果违反了以上规定，将被终身监禁在牢狱中，并且被逐出教会。

作为一个双目失明的古稀老人，伽利略并没有仔细地听审判会的告诫，他在这个时候，考虑最多的仍是自己的事："太迟了！那本《关于托勒密和哥白尼两大世界体系的对话》已经被你们教会帮忙宣传得声名远播，欧洲的自由学者几乎全部读过了。我现在已无法进行天文观测，无法发现新的天体，因此，对哥白尼学说也就没有什么新东西好谈了。"

这位老科学家温顺地听着法官的告诫，默默地想着自己的心事，并答应遵照宗教法庭的意见，然后由儿子芬新搀扶着回到家里。

在儿子家里居住的这段日子，伽利略除了求医看病、到附近的教堂做弥撒外，绝大多数时间都待在家里。他被禁止走出去拜亲访友，也不允许昔日的朋友来和他聊天，伽利略只有天天在家里饱尝着儿子的冷漠，忍受着儿子的蛮横，他曾试图从儿媳那里得到一点亲情，可是，儿媳忙于家务，根本没有时间来陪老人说话。幸运的是，他的三个小孙子倒很喜欢他。这三个小宝贝常常放弃做游戏，一块儿来缠住他，围在他的膝前，听他给他们讲新奇的、动人的故事。当伽利略要教孙子们学习一首新歌时，小孙子们总是叫着嚷着要他用鲁特琴为他们伴奏。

双目失明，对一个遭受宗教法庭监禁的科学家囚犯来说，无疑是雪上加霜。伽利略要承受生活的孤独和儿子的冷漠，这对一个年过古稀的老人来讲，是多么痛苦的事情。为了适应这生命的最后黑暗，承受住这晚年的孤寂，不至于使自己发疯、发狂，伽利略每时每刻都强迫自己沉浸在回忆之中，他不断地回想昔日的趣事，尽量多地找回昔日的发现和发明。那教堂里的灯摆，测量病人脉搏的仪器，比萨斜塔的重力实验，温度计的发明，望远镜、显微镜的研制等总能激起他心中的活力，他干瘪的手跃跃欲试要去创造，他依然活跃的脑子已经开始新的构思。

在一个月明星稀的夜晚，孩子们在院子里玩捉迷藏，儿子、媳妇在忙着家务，伽利略坐在自己的屋子里，脑子在不停地思索，他在想着自己的设计，在思索着新设计的制作程序，他喊来了儿子芬新，把自己的新设计告诉了他："假使有人能将一只普通的钟配上一个摆，它可以走得更准确。这是一个平衡问题，这一点我以后会解释给你听。目前，市面上关于这样的钟还没有出现，如果这项发明成功了，那可以是一笔财富。"伽利略非常清楚，儿子芬新对赚钱的事最热衷。

"可你现在双目失明怎么能够做呢？"芬新问父亲。

"假若你能找来一位聪明的机械师，我会……"

芬新打断了父亲的话，说道："让他把你的发明偷去？原谅我，爸爸，你从不曾做过生意。我可以抽出时间来，你只要告诉我怎样做，我会把图绘下来，然后去找一个工匠商量，每次只给他一小部分图纸，让他教我怎么做，这样他看不到完整的图纸，就不会了解其中的奥妙了，我要自己做成这种钟。"

听了儿子芬新的话，伽利略摇了摇头，表示了他对这个计划的怀疑，而且他知道，说服芬新请帮手到家里来是办不到的。从这以后，他只好让芬新担任他的秘书，但遇到书写信件之类的工作，芬新总是推托没有时间。芬新只想把每一分钟都用在谈论制造摆钟上面，他想在父亲去世以前能把这项发明的模型制作出来。

伽利略常想：如果我能雇到一位秘书，他可以帮我整理我的大宗来往信件，他还可以听取我这被人遗忘的学者的思想就好了。如果从我过去教过的学生中找一个来，教会能答应吗？伽利略经常忧虑：灵感上获得的新观念、新发明，如何才能使之记录下来，不被遗忘呢？

伽利略还是鼓足勇气，把自己的想法告诉了教会。最后，佛罗伦萨审判会宣称替他找到了一位能担任秘书工作的人，伽利略知道后非常高兴。这位被选来做秘书的人名叫雷瑞尼，他非常聪明，对伽利略的经历也有了解，他非常高兴能替伽利略这样一位天才科学家工作，为此，他甚至不理会教会可能对他的怀疑。虽然说，他不能公开表示自己的看法，但他相信伽利略在科学上受到的误解总有澄清的一天。伽利略也感受到了秘书对他的敬重和爱戴。最令他高兴的是，雷瑞尼本身的学问以及研究成就，对年老体弱的伽利略来说，尚有多方面的补充。

雷瑞尼不但忠诚，而且十分有耐心，他能将伽利略纷扰纠缠的口授语句清晰地记录下来。对此，伽利略非常满意，他曾对一位来看望他的朋友这样说道："我的记忆力随着年龄增长而减退了，有时，我必须靠秘书将前面一句再念一遍才能说出我的下一句，不然，我会把一句话三番五次地重复不休。可我的秘书头脑很清晰，无论我的思绪如何紊乱，我的话如何颠三倒四，他都能够很快地理出头绪，有条有理地记录下来。

芬新通过平日的观察，已经注意到他父亲和这位秘书之间的感情在日益加深，他十分嫉妒。有一天，他终于控制不住了。趁雷瑞尼不在时，他大声斥责父亲将摆钟的秘密告诉了秘书。对儿子毫无根据的指责，伽利略也非常生气地说道："芬新，我真怀疑你是不是我的儿子，脑筋那么笨，手脚更是迟钝，当我还像你大儿子那么大时，就已经会替弟弟妹妹做一些有轮有轴的小玩具给他们玩了。你应该继续做这些工作，这比你在酒馆赌博安全有用多了。我可以向你担保，我不会把那种发明告诉雷瑞尼和其他任何人的。"

尽管伽利略已经向儿子作了保证，但芬新还是不相信，仍然继续监视着父亲和他的秘书，这样的行为令伽利略感到格外的气愤，他要求宗教法庭让他搬回到小山庄去住。他说："我来佛罗伦萨是为了接受治疗，但现在我已知道，对于我的眼睛，医师早已无能为力。我宁愿回到我的小山庄度过我最后的日子。我要回到我的花园里散步，我要去墓地看我的女儿。"

"回去可以，但由谁来照顾你？"审判员问他。

"我的秘书，他已经成为我的儿子。"伽利略很郑重地回答。伽利略回到小山庄后，仍然信守着他对芬新所作的承诺，并没有将制造摆钟的事告诉他的秘书雷瑞尼和学生维维安尼，尽管这事让他们做起来会更快更好。

梦想成为科学家的芬新，对父亲越来越不放心。自从父亲从佛罗伦萨搬回小山庄以后，他每周都会多次来到父亲的住所，并且常常带着妻子一同前来，让她看守着门户，不让别人闯进来听到他对摆钟进度的报告。

对于芬新的频繁往来，伽利略颇感奇怪。有一次，他问芬新："你为什么要那么急着把它完成呢？我从不知道你对任何事情有过这样长久的兴趣呢。"

芬新以一种从未有过的温情对父亲说："我知道你认为我只是一个没有出息的政府小职员。我也知道，你很伤心，伤心你唯一的儿子，虽有你这样显赫的父亲，却没有一点成就。如果我把这项发明做成功了，你会高兴地再认我是你的儿子。"

芬新在父亲的指点下，继续进行着摆钟的实验，只是进展很慢。

1641 年冬天格外的寒冷，恶劣的天气给伽利略带来了一场疾病。费迪南德二世这位虽说有些软弱却十分仁慈的统治者，常常到伽利略的病榻前看望他，和他谈论那长期战争的最新进展和一些琐事。有一次，学生维维安尼提醒伽利略到服药的时间了，大公爵坚持要亲自喂伽利略汤药。当时，儿媳正好在场，她早已被大公爵亲自来看望公公弄得兴奋而紧张，她竟大声喊叫在花园中玩耍的孩子们进来，想让他们看看祖父是如何受到皇族的款待的。

据历史记载，大公爵口中曾说过这句话："我只有一个伽利略。"他是站在当地最高统治者的位置上说这话的。

除了大公爵及一些朋友不断来探视病中的伽利略外，也常会有一些陌生的朋友慕名前来访问，英国诗人及评论家约翰·密尔顿来过，他们追忆各自往昔的生活，谈论了今后的打算。只是密尔顿绝对没有想到，在 20 多年以后，他自己也失明了，他向女儿口授写作《失乐园》，并引用了很多哥白尼的学说。意大利数学家与物理学家托里拆利来过，他和伽利略互相交换了各自制作温度计的经过和结果……

卧床不起的伽利略，虽然仍是教会的囚犯，但有着大公爵的多次探视，教会对他的监视也放松了许多。他在佛罗伦萨的朋友也会经常来看望他，他的秘书、学生以及国内外爱好科学的年轻人更是深深地尊敬、爱戴着这位老人，因此，伽利略的心情也好多了。只是随着年龄的增长、疾病的折磨，他的身体每况愈下，一天不如一天。越是在这种时候，他越是思念自己的亲人。他知道他已不能够看见他最喜欢的大女儿了，而冷漠的小女儿也不会来看望他。从慕尼黑传来消息说，他的弟弟米盖及老婆孩子全都死了，这让他感到很伤心，他很后悔早些时候弟弟一家来这里小住时，他没能更忍耐些，更好些，他更哀叹自己不久就要看到他们了。

在一个清冷、晴朗的日子里，伽利略让他的秘书从佛罗伦萨请来一位公证人，立下他的遗嘱。他将一小笔钱给他的小女儿亚肯吉（利维亚的教名）修女，他知道亚肯吉没有什么需要，但他这最后的表示也许可以让这个冷漠的女儿知道父亲并不曾忘记她。其余一笔不小的财产全给了儿子芬新。伽利略要求芬新，在他死后，一定要把他埋葬在靠近圣安克罗教堂附近父母的墓地旁。

公证人扶着老人颤抖的手在遗嘱上签了字，立完遗嘱后，伽利略想到很快就要离开这个世界，很伤悲，泪流满面，泣不成声。

伽利略心力交瘁。他的宇宙，已缩小成一间黑暗的屋子，马上又要缩小成一个更小的牢笼，和她的爱女维姬尼亚最后休息的地方一样。但在他心里，他觉得他的女儿已不在那里，已经走进了天国，走进了和平的乐园。在那和平的乐园里，有伟大的诗人但丁，亲爱的贝尔瑞斯，他们像一颗颗明星，永远闪耀在意大利人的灵魂中，这会带给他安慰。他的爱女维姬尼亚，虽说不是那样美，但有谁能比她更可爱，像她一样的温柔，有永矢不遗的高尚情操。在天国的和平乐园里，有但丁，有他的女儿，有……他还有什么可害怕的呢？伽利略这样安慰着自己。

佛罗伦萨的名人、贵族、宫廷不断地问候、关怀病中的伽利略，罗马教皇乌尔邦八世写信慰问他的朋友，当芬新念着羊皮纸上盖有独一无二的教皇玉玺的慰问文件时，伽利略似乎没有在听。念完后，芬新把这封信摺得平平整整，放到柜子里珍藏起来，把它作为父亲留下来的最宝贵的遗产。但当儿媳俯身征询公公是否要去请一位教士来的时候，伽利略似乎已经明白，这是他最后一次接受教堂给他的安慰仪式，他点点头，表示乐意接受。

1642 年 1 月，这位 78 岁的意大利科学家在与死神进行着最后的较量。他用双手紧紧地拉着床单，失明的双眼在用力地睁着，似乎要再认真看看这周围的一切，看一看他的望远镜，看一看他的小山庄。可怜的伽利略在死亡线上挣扎着，垂死的目光无法穿越黑暗的屋子，他心里在想，教士已替他忏悔，他已获得饶恕，他可以安静地走了，但他仍然觉得有好多事还没有准备好。

他在感慨，如果自己现在仍在盛年时期，有着强健的体魄和青春的活力，那他一定会为伽利略家族带来更多的财富、荣誉。现在，老了，瞎了，走不动了，但他还想再活得久一点，一年、一个月，哪怕是一个礼拜，就想指导芬新把那只摆钟完成。

他在默默地祈祷：

> 主啊！当我观察到教堂内悬挂的吊灯有规律地摆动时，我就知道我能驳倒亚里士多德。现在我必须利用一切时间做出一个测时用的摆钟，但那圆圈还没有画完，还有许多的记录……那些有关振荡的篇章……我的工作还没有做完，是啊，我已经工作了差不多60年了，我常想寻找真理，我已在许多地方找到了它。我只走入歧途一次，因为我是一个凡人，一个在生病、在害怕的俗人。我多次想起火刑柱上的布鲁诺，我也多次回忆着法官叫我念的悔改书，我悔恨、我羞愧。其实，从我违背真理的那一刻起，我便一直祈求您的饶恕。我该接受应得的惩罚，也许我双目失明就是您要我接受的处罚。

> 主啊！我即将要到您的世界，您可以恢复我的视力吗？您会允许我再继续研究那些星球，描绘您布满天空的奇景吗……

他干枯的手不再在失明以后的黑暗中摸索，他清瘦的脸上不再有忧伤和迷惑的不悦，他已经祈祷，不再害怕。1月8日，一个阴沉的日子，伽利略老人带着微笑、自信，告别了亲人，告别了朋友，告别了生他养他的佛罗伦萨，平静地、安详地离开了这个世界，终年78岁。

伽利略逝世以后，他的学生维维安尼被聘为佛罗伦萨的宫廷数学师，维维安尼在遗嘱中立下了一大笔基金，他想用这些基金建一座伽利略纪念碑，在他的遗言中，他要求自己死后要如同生前一样和他的恩师永远在一起。

一个世纪过去了，罗马也不曾让伽利略拥有一席象征荣誉的墓地，连追悼演说也在禁止之列。他的追随者们想为他立一块纪念碑，也没有得到教会的许可。

1737 年，意大利国民为了纪念这位伟大的科学家，在佛罗伦萨圣它克罗教堂举行了一次重大的集会。人群中有城邦教会的代表、意大利各大学学者、来自欧洲各学术中心的名流、穿着整齐的佛罗伦萨公民、外国政府代表、城市工人、小商小贩……络绎不绝，摩肩接踵。

在肃穆的气氛中，伽利略和维维安尼的遗骨被安葬进了他们的新墓地中，在这块墓地中还躺着许多伟人和名人，然后是一束束敬献的鲜花和追悼演说，以纪念这位他们迄今未忘的科学家的光荣和成就。

哥白尼、伽利略的学说，又经历了许多年后才被世人接受。1757 年，他们的著作终于被解禁。真理终于被人们接受、信服，1822 年，各天主教大学才被教会允许可以自由讲授伽利略所解释的哥白尼理论。今天，每一个小学生都知道地球是围绕太阳转动的。

直到 1992 年，罗马教皇约翰·保罗二世才为自然科学家伽利略恢复名誉，并宣布了 17 世纪对伽利略进行的宗教审判是错误的，是毫无根据的。300 多年前的冤案终于昭雪。

　　伽利略的一生是伟大的，他坚持真理，坚持用事实证明真理。他所开辟的实验科学的道路改变了人们的思维方法，引导人们进入近代科学，他在科学史上将永远是一个不朽的人物。正像法国科学家特鲁萨尔特说的那样："在科学的领域里，我们都是伽利略的学生。"

科普小知识

天 文 学 常 识

一、了解太阳系

1. 太阳

太阳是太阳系中唯一的恒星和会发光的天体，是太阳系的中心天体，太阳系质量的 99.86% 都集中在太阳上。太阳系中的八大行星、小行星、流星、彗星、外海王星天体以及星际尘埃等，都围绕着太阳运行（公转）。而太阳则围绕着银河系的中心运行，也就是公转。

太阳是位于太阳系中心的恒星，它几乎是热等离子体与磁场交织着的一个理想球体。

太阳直径大约是 1 392 000 千米，相当于地球直径的 109 倍；体积大约是地球的 130 万倍；其质量大约是 2×10^{30} 千克（地球的 330 000 倍）。

太阳对于我们非常重要，因为它是光和热的来源。通常我们把平常看见的太阳表面称作光球，从而和外面的几乎透明的一层以及内部看不见的部分区分开来。用肉眼来看，光球好像各部分完全一样。但通过带滤光镜的望远镜来看，光球全表面则都有斑点。在更细致的观测下我们会发现，这是由于有很多不规则小颗粒布满全光球的缘故。

当我们比较光球各部分的光度时，会发现整个圆面的中心比边缘明亮。这种差别即使不用望远镜也可以看出来。只要我们用一块黑玻璃遮住眼睛，或者在傍晚浓厚的霞彩中去望落日，都很容易发现，越靠近太阳的边缘亮度就越低，到了圆面的最外边时，光的亮度大约只相当于中央的一半。另外，边缘和中心还有颜色的不同——边缘所发出的光比中心的光更显暗红。

光球就是我们所能观察到的极限，其内部用肉眼就观察不到了。光球虽然看起来如皮球表面一样光亮，它的密度却只有我们周围空气的万分之一。我们看这一层时还要透过数万千米的太阳"大气"。光球的圆面边上更黑更红的原因是由于这种大气很厚，我们所看到的是"大气"更高更冷的一层，那儿的光也就更弱更红了。

2. 太阳的自转

太阳和地球一样，也以通过其中心的一根轴为中心自西向东旋转。同地球的情形一样，我们把转轴与表面相交的两点称为太阳的两"极"，而把在两极中间的那个最大的圈称为太阳的"赤道"。太阳赤道的自转周期是 25.4 天，而太阳赤道的长度是地球赤道的 110 倍, 因此, 它的自转速度是地球的 4 倍多, 太阳赤道的自转速度约为 2 千米/秒。

这种自转的有趣之处是离赤道越远的地方自转周期也越长。在太阳的南北极附近, 自转周期约为 36 天。假如太阳和地球一样是固体, 那么它的各部分的自转速度就要一致。所以, 太阳不可能是固体, 至少在表面一层是这样。

3. 太阳黑子

用望远镜观测太阳时, 我们常常能看到它的表面有一些黑色的斑点——我们称为黑子。太阳黑子是在太阳的光球层上发生的一种太阳活动, 是太阳活动中最基本、最明显的。一般认为, 太阳黑子实际上是太阳表面一种炽热气体的巨大漩涡, 温度大约为 3000 ~ 4500℃。因为其温度比太阳的光球层表面温度要低 1000 ~ 2000°C (光球层表面温度约为 6000°C), 所以看上去像一些黑色的斑点。黑子的活动周期为 11.2 年, 活跃时会对地球的磁场产生影响, 主要是使地球南北极和赤道的大气环流做经向流动, 从而造成恶劣天气, 使气候转冷。严重时会对各类电子产品和电器造成损害。

黑子的大小有很大的差别, 微小的黑子需要通过最好的望远镜才能观察得到, 而大块的黑子通过涂黑的玻璃片用肉眼就能观测到。它们平常都成群出现, 有时虽看不见单粒黑子, 但它们的集团却可以为肉眼看见。单个黑子有的直径达 80 000 千米，最大的一群黑子竟能遮住太阳表面圆盘的 1/6。

一群黑子发展下去时，它们都按与太阳赤道平行的圈子展开。从太阳自转方向来看，最前面领头的黑子通常是全体中最大的而且是寿命最长的，往往在别的都消失了以后还存在，到最后，一群黑子常常只剩下一些单个的成员。一群黑子中最后生成的也往往最大。黑子中央更暗的部分叫"本影"，边上较亮的部分叫"半影"。在分散的过程中，黑子分裂成一些很不规则的碎片。通过 300 多年来对太阳黑子的观测，我们知道了太阳黑子的出现是有一定规律的，周期约为 11 年一次。有些年份太阳上面很少黑子，甚至没有。1912 年如此，1923 年又如此。第二年出现的黑子数目就增多了一些，一年一年增加下去，其顶峰一般出现在 5 年后。以后又一年一年渐渐减少，直到周期满了才又增加。伽利略时代的人们就发现了这一变化，到 1843 年，由施瓦布确立了它们的周期率。

太阳与地球上的许多现象都依从太阳黑子出现的这个 11 年周期。深红的日珥在太阳黑子最多时也最常出现。日冕随黑子的增加或减少而改变形状。地球上的磁暴——扰乱无线电信号传输和毁坏一些精密的电子设备的元凶，也和黑子增加强度与发生的频率有关。"极光"也在黑子最多时更频繁而壮观地出现，气候则在这个周期中会发生少许变化。

太阳黑子的出现及其周期性很显然与太阳的磁场有关。当前流行的太阳发电机理论试图通过研究太阳对流层中的流体运动和磁场的相互作用，来解释这种周期性以及太阳磁场是如何维持的。1919 年，拉莫尔提出了太阳发电机的概念。1955 年，帕克提出了自激发电机理论，奠定了湍流发电机理论的物理基础。按照这种理论，太阳黑子出现在磁场很强的太阳活动区，内部的相互作用会产生周期性振荡，并伴随出现表面磁场的细微变化。

太阳黑子的出现还有一条规律：黑子其实并不是散布在太阳的全部表面上，而只是散布在太阳纬度上的某些部分。在太阳的赤道上，黑子并不常见，可是赤道以北或以南就逐渐多了起来，在南、北纬 15°到 20°是黑子出现最多的地方，再远又逐渐减少，30°以上就很少出现了。

与黑子相反，太阳表面还常常出现一些较光球更明亮的斑点，这些斑点经常在黑子附近出现，这就是所谓的耀斑。黑子的出现表示太阳上起了极大的风暴。它们与我们地球上的飓风很像，只是比飓风大了许多倍。炽热的气体在太阳漩涡中向上飞腾，到达了比内部压力小得多的光球之后，这些气体就喷发出来，迅速冲出了表面。这样膨胀的结果就会使得周围的温度稍微降低一点，因此，也减弱了这一区域的光辉——这就是太阳黑子。其实，菌状漩涡的平顶也还是极热极亮的，看起来稍微黯淡些只是因为跟周围平静的太阳表面相比温度要低了一些的缘故。

地球上的包括飓风在内的所有漩涡是由于地球的自转形成的，在北半球逆时针方向旋转，在南半球却是顺时针旋转。太阳黑子与之类似，在太阳赤道北的太阳黑子与太阳赤道南的太阳黑子的旋转方向是相反的，因此，可以看出太阳的自转。但太阳上风暴的情形比地球上风暴的情形要复杂得多，因为随从的黑子常常跟领头的黑子有相反的旋转方向，更后出生的黑子的旋转方向则受之前已经存在的黑子群的影响，更为复杂。

太阳黑子的漩涡中心压力较低，因此，附近的气体为其所吸引，在下降时也还是旋转着的。

100多年前，美国的海耳和法国的德朗德分别独立地发明了太阳单色光照相仪。这是连接在望远镜上的一部分，利用它可以单独给某一特定的元素所发出的光照相，例如，钙光或氢光。当利用这种仪器给太阳进行氢光摄影时，拍摄到的"谱斑"相片就从太阳黑子附近的形态分布显出了漩涡的存在。

为了消除大气层对太阳观测的不利的影响，20世纪60年代以来，空间探测器以及各种探测太阳的人造卫星陆续被发射升空，如太阳辐射监测卫星、轨道太阳观测站、国际日地探险者和太阳风暴探测卫星等。这些携带了各类精密仪器的卫星对太阳进行了全方位、多角度的研究，其中包括黑子周期现象，并且获得了很多有价值的成果。通过这些卫星的帮助，我们可以比较准确地预报太阳黑子和耀斑的爆发，从而避免磁暴对电子设备的损害。

4. 耀斑

太阳耀斑是一种剧烈的太阳活动，是太阳能量高度集中释放的过程。一般认为发生在色球层中，所以也叫色球爆发。其主要观测特征是，日面上（常在黑子群上空）突然出现迅速发展的亮斑闪耀，其寿命仅在几分钟到几十分钟之间，亮度上升迅速，下降较慢。特别是在太阳活动峰年，耀斑出现频繁且强度变大。

别看它只是一个亮点，一旦出现，简直是一次惊天动地的大爆发。这一增亮释放的能量相当于 10 万至 100 万次强火山爆发的总能量，或相当于上百亿枚百吨级氢弹爆炸；而一次较大的耀斑爆发，在一二十分钟内可释放 10^{25} 焦耳的巨大能量。

除了局部突然增亮的现象外，耀斑更主要表现在从射电波段直到 X 射线的辐射通量的突然增强；耀斑所发射的辐射种类繁多，除可见光外，有紫外线、X 射线和伽马射线，有红外线和射电辐射，还有冲击波和高能粒子流，甚至有能量特高的宇宙射线。

耀斑对地球空间环境造成很大影响。太阳色球层中一声爆炸，地球大气层即刻出现缭绕余音。耀斑爆发时，发出大量的高能粒子到达地球轨道附近时，将会严重危及宇宙飞行器内的宇航员和仪器的安全。当耀斑辐射来到地球附近时，与大气分子发生剧烈碰撞，破坏电离层，使它失去反射无线电电波的功能。无线电通信尤其是短波通信，以及电视台、电台广播，会受到干扰甚至中断。耀斑发射的高能带电粒子流与地球高层大气作用，产生极光，并干扰地球磁场而引起磁暴。

此外，耀斑对气象和水文等也有着不同程度的直接或间接影响。正因为如此，人们对耀斑爆发的探测和预报的关切程度与日俱增，正在努力揭开耀斑的奥秘。

5. 光斑

用天文望远镜对太阳进行观测时，常常可以发现：在光球层的表面有的地方明亮有的地方深暗。这种明暗斑点是由于温度高低不同而形成的，比较深暗的斑点叫太阳黑子，比较明亮的斑点叫光斑。光斑常在太阳表面的边缘"表演"，却很少在太阳表面的中心区露面。因为太阳表面中心区的辐射属于光球层的较深气层，而边缘的光主要来源于光球层的较高部位，所以，光斑比太阳表面高些，可以算得上是光球层上的"高原"。

光斑也是太阳上的一种强烈风暴，天文学家把它戏称为"高原风暴"。不过，与乌云翻滚、大雨滂沱、狂风卷地百草折的地面风暴相比,"高原风暴"的性格要温和得多。光斑的亮度只比宁静的光球层略大一些,一般只大 10%;温度比宁静的光球层高 300℃。

许多光斑与太阳黑子还结下了不解之缘,常常环绕在太阳黑子周围"表演"。少部分光斑与太阳黑子无关,活跃在 70°高纬区域,面积比较小。光斑平均寿命约为 15 天,较大的光斑寿命可达三个月。

光斑不仅出现在光球层上,色球层上也有它活动的场所。当它在色球层上"表演"时,活动的位置与在光球层上露面时大致吻合。不过,出现在色球层上的不叫光斑,而叫谱斑。实际上,光斑与谱斑是同一个整体,只是因为它们的"住所"高度不同而已,这就好比是一幢楼房,光斑住在楼下,谱斑住在楼上。

6. 日珥与色球

太阳还有一个特别有趣的地方,那就是日珥。日珥是从太阳各部分射出来的非常稀薄灼热的大团气体。它们非常大,升起时的速度也非常可观,有时竟高达每秒钟数百千米。它们也同耀斑一样常常在黑子丛生的地带出没,但并不仅限于那些地区。太阳周围的炫目光焰(其实这是由我们地球大气层的折光效果所造成的)使它们绝不可能用肉眼观察到,即便用正规的天文望远镜也不能看见——除非碰到日全食,因为月球的干涉才消去那一层光焰。那时它们就可用肉眼看见，仿佛是从黑暗的月亮的边上投射出来的火焰。

日珥有两种：一种是爆发日珥，另一种是宁静日珥。第一种从太阳上升起时像巨大而翻滚的火浪。另一种却似乎平静地悬在上面，像空中的浮云一样。我们不能准确地了解是什么东西支持着它们，我们猜测这大概是太阳光的一种排斥力吧。

光谱分析告诉我们这些日珥是由氢、钙以及少量其他元素构成的。它们呈红色的原因是由于含有大量的氢元素。更进一步的研究又告诉我们，日珥与布满于光球上的薄气层有关。这个薄气层被称为色球，因为它有和日珥一样的深红色——从这一点可以得知，色球的组成元素与日珥基本类似，其主要成分也是氢。

太阳最外层的附属品还有日冕，这是只有在日全食时才看得见的环绕太阳的柔软的光辉。它从太阳展开的光线之长有时竟超过太阳直径。它是由南极端稀薄的气体组成的。

7. 太阳风

人们在很早以前就发现彗星的尾巴总是背向太阳，于是猜想这可能是从太阳"吹"出来的某种物质造成的。直到1958年，人们才通过人造卫星上的粒子探测器探测到了太阳上有微粒流射出，美国的帕克给它取名为太阳风。

太阳风是从太阳大气最外层的日冕向空间持续抛射出来的物质粒子流。这种微粒流是从日冕的冕洞中喷射出来的。

经过长期的观测，人们发现太阳风的主要成分是质子、电子和氦原子核。此外，还含有微量的电离氧、铁等元素。其密度则随时变化。

太阳风有两种。一种是"宁静太阳风"，它是粒子持续不断地被辐射出来，速度较小，在飞到地球附近时，平均速度约为每秒 450 千米，粒子含量也比较少，每立方厘米含质子数为 1 ~ 10 个。

另一种太阳风是"扰动太阳风"，它是在太阳活动剧烈时辐射出来的，速度比较快。在飞到地球附近时，速度可达每秒 2000 千米，粒子含量也比较多，每立方厘米含质子数约为几十个。它对地球的影响很大，当它抵达地球时，往往引起巨大的磁暴与强烈的极光，同时骚扰电离层，极大地干扰了靠电离层反射传播的短波通信。

8. 太阳的结构

太阳究竟是什么样子的？

太阳是球体，其广大的内部是我们永远见不到的。

我们平时用肉眼看见的太阳表面是光球，但这不是真正的表面，只是球体光度最大的部分。该气层上有一些斑驳的黑子，也会经常产生耀斑。

在光球的上面又有一层气体被称为色球，利用分光仪在任何时候都看得见它，如果想要直接看却只有在日全食的时候才可以。

从红色的色球喷发出同样红的火焰被称为日珥。包围全部的是日冕。

以上是我们所见的太阳。太阳究竟是什么呢？是固体呢，液体呢，还是气体呢，或者是别的什么形态？

看得见的表面不是固体已由它的自转性质表明了。我们已知道它的表面上的各部分自转周期是不相同的。而且，它的极高的温度也不能让它是固体或者液体的。许多年来大家都相信太阳内部一定是一大团等离子体——一种具有很多奇妙性质的物质状态，但被太阳巨大的引力压成非常致密的状态——事实上，按照物理理论，我们认为理想气体的状态方程仍然适用于太阳内部，所以我们也可以将其看作是气体。

人人都知道太阳是极热的，它能在 1.4 亿多千米外让人们感受到炎炎夏日的威力，本身当然更是要热得多。这从适当的测算看来也是真的，作为太阳辐射直接来源的光球已有 6000°C 以上的高温了。

利用不同方法对太阳表面温度所做的测量都可以得到相同的结果。这些方法都遵循同一个途径——辐射体温度与辐射功率之间是有确定关系的。譬如说，辐射与温度的 4

次方成比例。也就是说，如果辐射体的温度加倍，它辐射出的热量就要增大 16 倍。

假设用一个平底盆盛 1 厘米深的冷水，让太阳光直射下去。1 分钟后，如果没有空气的影响而水又没有热量损失，那么温度计就会显示水的温度约提高了 2℃。

因此，假如有一层 1 厘米厚的冷水组成的球形的壳，半径恰等于地球对太阳的距离，恰好将太阳围在正中，在 1 分钟后就会增加上述的温度。既然这一壳层已经将太阳完全包住，那么我们就已经在 1 分钟内捉住了太阳的全部辐射了。

利用这种测算，可以得出从太阳表面的每平方米中不停息地流出 6.2 万千瓦的能量来。再依据辐射定律，我们又可以由此推算出太阳的温度来。实际上，我们并没有用水盆和普通温度计，而是用一种很精巧的仪器——"太阳热量计"。用这种仪器的观测已在史密森天体物理学天文台的各个分部进行了许多年了。

因为我们不能看见光球以下的太阳内部，所以想要得到一个关于太阳内部情况的明确概念是非常困难的。但我们完全可以假定越深处的压力与温度越高。早在 1870 年，美国物理学家莱恩就已经计算过太阳内部的温度，他假定里面各处都处于一种平衡的状态中、太阳内部每一点上物质的全部重量都完全被下面热气体的膨胀力所支持，问题便是需要计算出内部要热到什么程度才可以使太阳不致被自己的重量压碎。

20 世纪 30 年代，关于太阳及星辰内部的理论成了英国的爱丁顿、詹姆斯、米尔恩等人研究的热点。爱丁顿计算出太阳中心的密度约为水的 50 倍，而温度约为 $3 \times 10^7 \sim 4 \times 10^7 °C$。米尔恩推算出来的中心密度与温度比此数目还要大得多。按目前的太阳模型推算，太阳内核的气体被极度压缩，其中心密度是水的 150 倍，而温度约为 $1.56 \times 10^7 °C$。

9. 太阳的热源

太阳从它表面上每 1 平方米释放出 6.2 万千瓦的能量。既然知道太阳直径是 140 万千米，我们就很容易算出它的表面有多少平方米了。这巨大的数目再乘以 6.2 万，就可得到以千瓦表示的太阳不停散发的全部能量的巨大数目了。当我们想到依据地质学家和生物学家的说法，太阳已用与现在同样的强度照耀了 5000 万年的时候，我们就遇上一个重要而且困难的问题了。

这种辐射能量的来源在哪里？当然它是直接由光球来的。可是一定还有一个新的能量供给不断地到达光球，才能维持不断的辐射。那么，这种使太阳一天一天照耀过了 5000 万年的，仿佛永远都耗不尽的内在供给的来源到底是什么呢？

根据能量不灭定律，能量不可能无中生有，它可以由一种形态变到另一种形态，可是宇宙间能量的总量是不能增加的。除非太阳从外面不断地接收能量，否则它的储藏一定会按我们上述的比率减少下去。我们完全可以假定该储藏总会有一天完全耗尽，太阳会逐渐暗下去以至于完全无光。可是太阳一年又一年地照耀下去，看起来光辉丝毫未减，这怎么可能呢？

两百多年以前，物理学家亥姆霍兹曾经提出太阳热的收缩学说，之后的许多年里都被当时的科学家认为是真实的情况。他的观点是：如果太阳半径每年收缩43米，就足够产生一年中由辐射而失去的热量。依照这种学说，太阳从前是更巨大更稀薄的。按照收缩说，将来太阳将会紧密得不能收缩以适应由辐射引发的热的损失。几百万年以后，它将会冷得不能再维持地球上的生命。

这种收缩学说似乎给出了一幅黯淡的远景，它显示了生物世界的末日只在很短的时期以后——至少照天文学尺度说来是很短的。在19世纪初，收缩学说遇到了强烈的反驳——不论从多大的体积收缩到现在这样，太阳依照现在的发光率，只要2000万年多一点就将热量都辐射出去了。但研究表明，它却一定照得比这个时期要长得多，于是收缩学说不能解释太阳在过去如何维持辐射的。因此，关于这个理论对将来的预言，人们也就不抱有多大的信任了。

而且事实上，太阳的逐渐收缩又绝无确切的证明，因此就渐渐被人们所抛弃了。

20 世纪初，随着相对论以及核物理学的发展，人们认识到太阳和恒星的能源来自于核能的释放。光谱观测的结果表明，恒星物质内部氢的含量相当丰富，而氢又是很好的产能原料。当氢在高温和高压下聚变成氦时，会有巨大的核能释放，因此，可以维持太阳和恒星向外辐射达数十亿年之久。

1926 年，英国剑桥大学著名的天文学教授阿瑟·爱丁顿爵士出版了他的《恒星内部结构》一书，这是一部关于恒星内部情况及其物理特性的卓越著作。爱丁顿认为，太阳通过重力把物质聚集在一起，重力将物质拉向中心。由于太阳内部高温的气体产生的压力与重力方向相反，它将物体向外推出，这两个力互相平衡。达到这个平衡点时，由经典力学和热力学原理，我们可以算出恒星的中心温度将达到 $4 \times 10^7 °C$ 左右。爱丁顿认为在这样的温度下，氢核会发生聚变，为太阳和恒星提供了强大的辐射能量。

但是，爱丁顿的想法也遭到了物理学家们的竭力反对。他们认为要真正实现这一聚变，温度应达到几百亿摄氏度，而 $4 \times 10^7 °C$ 太低了，不足以克服原子核之间极其强大的电磁力而产生氢核聚变。但是乌兰克核物理学家和宇宙学家乔治·伽莫夫的工作证明了物理学家们的猜测是错误的。

伽莫夫认为，虽然镭核内的粒子受到核力的约束，但按照现代量子理论，它们并非不可能分裂出 α 粒子来，尽管发生这种过程的概率很小。镭核中的粒子被核力所束缚，就好像有一座堡垒从外界将它们包围住一样，粒子的能量不足以越过这座堡垒而跑到外边去。伽莫夫进一步指出，假如粒子能够由内向外穿过堡垒，那么，粒子也应该能够由外向内穿过它而进入原子核内。

1929 年，英国天文学家罗伯特·阿特金森和德国核物理学家弗里茨·豪特曼斯合作，发表了一篇题为"关于恒星内部元素结构的可能性问题"的文章，将伽莫夫的量子隧穿理论应用到恒星内部能量的问题上。他们认为：恒星内部的质子也可以通过"隧道"越过势垒很高的堡垒，接近到可以发生聚变的距离之内，进行氢核聚变而释放出巨大的能量。这样，他们就成功地解决了在较低温度下使氢聚变为氦来实现太阳的能量需求，由于这种反应是在数千万摄氏度下进行的，他们就把这种反应称为"热核反应"。

天文观测表明，太阳核心的物质处于等离子态，完全适合于热核反应的物理条件。那么，太阳和恒星内部的氢是怎样聚变为氦的呢？1938 年，美国核物理学家汉斯·贝特和查理斯·克里奇菲尔德发现了氢直接变为氦的反应机制，称为"质子－质子循环"。在这一反应中，1 克氢将释放 6700 亿焦耳的核能，这些核能迅速转化为热能，并通过对流和辐射向太阳的外层空间输送出去。

贝特又和德国的弗里德里希·冯·魏茨泽克各自独立地找到了由氢转变为氦的"碳循环"机制。现代天文观测表明，太阳的能量 98% 来源于质子 – 质子循环，2% 来源于碳循环。贝特也因该理论的创立而获 1967 年度诺贝尔物理学奖。

10. 太阳的演化

现代观测表明，太阳已有 50 亿年的历史。太阳是一个典型的中等质量恒星，正平稳地燃烧着自身的核储备，并把氢转变为氦。现在人们对恒星演化的知识逐渐完善，并勾勒出太阳的生命历程。

幼年阶段，原始星云在自身引力作用下不断收缩，密度不断增大，温度不断升高。历时数千万年形成原始太阳。

青年阶段，太阳位于非常稳定的主星序，根据观测得到的氢和氦的丰度估计，太阳还可以生存 50 亿年之久。今天的太阳正处在它的鼎盛时期。

中年阶段，约持续 10 亿年时间。当热核反应的燃烧圈接近一半太阳半径时，将会难以支持太阳自身的巨大引力，中心将会塌缩，这个塌缩过程中所释放的巨大能量使太阳的外部大幅膨胀，这时的太阳体积很大、密度很小、表面亮度很强，演化为一颗红巨星。

老年阶段，太阳转变为一颗脉动变星，终于，内部核能耗尽，整体发生坍塌，内部被压缩成一个密度很高的核心，冷却后形成一颗白矮星，并长久地留在宇宙中。

11. 月球概况

月球也称太阴，俗称月亮，它是地球唯一的天然卫星。在太阳系里，除水星和金星外，其他行星都有天然卫星。月球的年龄大约有46亿年。月球有壳、幔、核等分层结构。最外层的月壳平均厚度约为60~65千米。月壳下面到1000千米深度是月幔，它占了月球的大部分体积。月幔下面是月核，月核的温度约为1000℃，很可能是熔融状态的。月球直径约3476千米，是地球的3/11，太阳的1/400。月球的体积只有地球的1/49，质量约为7350亿亿吨，相当于地球质量的1/81，月球表面的重力差不多是地球重力的1/6。

在月球的表面有阴暗的部分和明亮的区域。早期的天文学家在观察月球时，以为发暗的地区都有海水覆盖，因此把它们称为"海"。著名的有云海、湿海、静海等。而明亮的部分是山脉，那里层峦叠嶂，山脉纵横，到处都是星罗棋布的环形山。位于南极附近的贝利环形山直径295千米，可以把整个海南岛装进去。最深的山是牛顿环形山，深达8788米。除了环形山，月面上也有普通的山脉。高山和深谷迭现，别有一番风光。

月球背面永远背着地球，月球的正面永远都是向着地球。另外一面，除了在月面边沿附近的区域因天秤动而中间可见以外，月球背面的绝大部分是不能从地球上看见的。在没有探测器的年代，月球的背面一直是个未知的世界。月球背面的一个特点是几乎没有月海这种较暗的月面特征。而当人造探测器运行至月球背面时，它将无法与地球直接通信。

月球约一个农历月绕地球运行一周，而每小时相对于背景星空移动半度，即与月面的视直径相似。与其他卫星不同，月球的轨道平面较接近黄道面，而不是在地球的赤道面附近。

因为月球的自转周期和它的公转周期是完全一样的，所以地球上只能看见月球永远用同一面向着地球。自月球形成早期，地球便一直受到一个力矩的影响引起自转速度减慢，这个过程称为潮汐锁定。所以，部分地球自转的角动量转变为月球绕地公转的角动量，其结果是月球以每年约38毫米的速度远离地球。同时地球的自转越来越慢，一天的长度每年变长15微秒。

月球对地球所施的引力是潮汐现象的起因之一。月球围绕地球的轨道为同步轨道，所谓的同步自转并不严格。由于月球轨道为椭圆形，当月球处于近地点时，它的自转速度便追不上公转速度，因此，我们可见月面东部达东经98°的地区。相反，当月球处于远地点时，自转速度比公转速度快，因此我们可见月面西部达西经98°的地区。这种现象称为经天秤动。

月球本身并不发光，只反射太阳光。月球亮度随日、月间角距离和地、月间距离的改变而变化。太阳高度是其平均亮度的46.5万倍。满月时其亮度平均为－12.7等。它给大地的照度平均为0.22勒克斯，相当于100瓦电灯在距离21米处的照度。月面不是一个良好的反光体，它的平均反照率只有7%，其余93%均被月球吸收。月海的反照率更低，约为6%。月面高地和环形山的反照率为17%，所以看上去山地比月海明亮。满月时的亮度比上下弦月要大十多倍。

由于月球上没有大气，再加上月面物质的热容量和导热率又很低，因而月球表面昼夜的温差很大。白天，在阳光垂直照射的地方温度高达127°C，夜晚，温度可降低到－183°C。这些数值只表示月球表面的温度。用射电观测可以测定月面土壤中的温度，这种测量表明，月面土壤中较深处的温度很少变化，这正是由于月面物质导热率低造成的。

12. 月球的公转与位相

月球陪着地球绕日运行。地球在自己的轨道中向前运行，月亮连续绕着它转，而相对地球的距离并无多大变动。

月球绕地球一周实际所需的时间是27天又8小时，但从一新月（朔）到另一新月所经历的时间却是 29 天又 13 小时。这种不同是因为地球同时也绕着太阳运动。

月球的不同的位相是随它对太阳的位置而定的。因为它是不能自己发光的物体，我们只是在太阳照到它的时候才看见它。它在太阳与我们之间的时候，它的黑暗的一半对着我们，就完全不能被看见。历书中称这为"新月（朔）"，但我们平常在新月的后两天还不能看见月球，因为它还在黄昏的暮霭中。在第二天或第三天我们才看到这个球被照亮的一小部分，形状正是我们所熟悉的一弯蛾眉。蛾眉月有时也被称为新月，虽然历书中的新月期要更早。

在这个位置上又过了几天之后，我们就可以看见月球的全貌了——黑暗部分发着暗弱的光，这是从地球上反射去的光。假如有人在月球上居住，他会看见在他的天空上，地球像一轮将圆的蓝色满月——虽然实际上要比我们所见的月球大得多。月球在它的轨道中一天天前进，这种地光就一天天减少，约在上弦时地光没有了。一方面因为月球上有光部分在逐渐增加光强，另一方面也因为地球的光减弱了，下弦时亦如此。

在历书中的新月（朔）后约七八天，月球就到了上弦期。我们就可以看到明亮的部分占月亮的一半。以后的一星期内，月球被称为"凸月"。在新月后第二星期的末尾（望），月球正与太阳相对，我们就可以见到月亮宛如明亮

玉盘的全貌，这被称为满月。之后，月球的位相则会反转
并还原，这是人人皆知的。

13. 月球的自转

月球是否绕轴自转这个问题在古代曾经引起过许多争
论，因此我们要解释一下。人人都知道月球永远以同一面
对着我们。这说明它的自转周期跟它绕地球公转的周期是
一致的。也许有人因此认为它根本不旋转，这混乱的产生
是因为关于运动的概念不同。在物理学中我们这样判断一
个物体是否旋转，用一根直线通过除转轴外的任何方向，
如果这根直线永远不改变方向，那么我们就说这个物体不
旋转。我们假想有这样一根线通过月球，如果月球不自转，
那这根线就永不变方向——无论月球在绕地球轨道中的哪
一点上。稍微仔细地研究一下就可以知道，如果不是月球
自己也旋转，那我们就一定会看到它全表面的各个部分的。

14. 月球如何引起潮汐

住在海边的人都特别熟悉海潮的涨落。一般来说，海
潮的涨落规律与月球的周期运动相符合——高潮恰巧比月
球经过当地子午圈晚了 45 分钟。这就是说，如果今天月球
在天空某处时海潮涨起，以后月球又到那一处时一定又会
有高潮，天天如此，月月年年亦如此。我们很容易理解，
月球用它加在海洋上的引力造成了这种潮汐，月球在任何
地方的上空时都会吸引当地的水，难懂的只是一天有两次

潮,涨潮不仅在对着月球的这边有,连地球那边背对着月球的地方也有。

也许有人会认为,既然月球如此引起潮汐,那么当月球在子午圈上时有高潮,而月球在地平线上时则有低潮了。可事实并不是这样。首先,地球所拥有的无比巨大的水体所造成的强大惯性,使得潮汐现象相对月球位置的变化有一个延迟现象。潮汐运动在月球离开子午圈后还要继续下去,这正像一块石子离开手后还向上冲去,而波浪也被水的动力推向高于水平面的岸上一样。其次,由于大陆的隔断,海潮遇上大陆就按大陆情形改变方向,但由一点转向另一点又需要时间,因此,我们比较各地潮汐时就会发现其并不规则了。

15. 地 球

地球是太阳系八大行星之一。它有一个天然卫星——月球,二者组成一个天体系统——地月系。地球作为一个行星,远在46亿年以前起源于原始太阳星云。地球会与外层空间的其他天体相互作用,包括太阳和月球。地球是上百万生物的家园,包括人类,地球是目前宇宙中已知存在生命的唯一天体。地球赤道半径6378千米,平均半径约6373千米,极半径6357千米,赤道周长4007千米,地球上71%为海洋,29%为陆地,所以从太空看地球呈蓝色。

地球是我们的生命之源,地壳中的元素也很多,其中氧、硅、铝、铁、钙、纳、钾、镁占 98.04%，而其他 80 多种元素仅占 1.96%。

16. 地球的自转

地球绕自转轴自西向东转动，从北极点上空看呈逆时针旋转，从南极点上空看呈顺时针旋转。关于地球自转的各种理论目前都还是假说。地球自转是地球的一种重要运动形式，自转的平均角速度为 7.292×10^{-5} 弧度/秒，在地球赤道上的自转线速度为 465 米/秒。地球自转一周耗时 23 小时 56 分 4 秒，约每隔 10 年自转周期会增加或者减少 $3/1000 \sim 4/1000$ 秒。一般而言，地球的自转是均匀的。但精密的天文观测表明，地球自转存在着三种不同的变化：①长期减慢；②周期性变化；③不规则变化。

17. 地球的公转

地球在自转的同时还围绕太阳公转。地球围绕太阳的运动称为地球公转。因为同地球一起环绕太阳的还有太阳系的其他天体，太阳是它们共有的中心天体。地球公转一周的时间为一年。

（1）地球公转的地理意义

①太阳直射点的回归运动；

②昼夜长短变化；

③正午太阳高度的变化；

④四季和五带划分。

（2）公转特性

像地球的自转具有其独特规律性一样，地球的公转也有其自身的规律。这些规律从地球轨道、地球轨道面、黄赤交角、地球公转的周期、地球公转速度和地球公转的效应等几个方面表现出来。

（3）公转轨道

地球在公转中所形成的封闭轨迹，称为地球轨道。其在天球上的投影，称为黄道。

（4）重要的点

近日点和远日点：在地球的公转轨道上，有一点距离太阳最近，称为近日点，有一点离太阳最远，称为远日点。如：1982 年，地球经过近日点的时间是 1 月 4 日 19 时，经过远日点的时间是 7 月 4 日 22 时。由于近点年比回归年长 25 分 7 秒，所以地球经过近日点和远日点的日期，每 57 年要推迟一日。

中距点：即轨道椭圆短轴的两端。如：1982 年 4 月 3 日和 10 月 5 日时地球经过中距点。

二、认识星系

1. 星系的定义

恒星系或称星系，是宇宙中庞大的星星的"岛屿"，它也是宇宙中最大、最美丽的天体系统之一。到目前为止，人们已在宇宙观测到了约 1000 亿个星系。它们中有的离我们较近，可以清楚地观测到它们的结构，有的非常遥远，目前所知最远的星系离我们有近 130 亿光年。最大的是河外星系。

2. 椭圆星系

椭圆星系是河外星系的一种，呈圆球形或椭球形。中心区最亮，亮度向边缘递减。距离较近的，用大型望远镜可以分辨出外围的成员——恒星。同一类型的河外星系，质量差别很大，有巨型和矮型之分。其中以椭圆星系的质量差别最大：质量最小的矮椭圆星系和球状星团相当，而质量最大的超巨型椭圆星系可能是宇宙中最大的恒星系统。质量范围约为太阳的千万倍到百万亿倍，光度范围从绝对星等 -9 等到 -23 等。椭圆星系质量光度比约为 50～100，而漩涡星系的质量光度比约为 2～15。表明椭圆星系的产能效率远远低于漩涡星系。

椭圆星系的直径范围是 1000～150000 秒差距。总光谱型为 K 型，是红巨星的光谱特征。颜色比漩涡星系红，说明年轻的成员星没有漩涡星系里的多，由星族 II 天体组成，没有或仅有少量星际气体和星际尘埃，椭圆星系中没有典型的星族 I 天体蓝巨星。

椭圆星系根据哈勃分类，按其椭率大小分为 E0、E1、E2、E3、E4、E5、E6、E7 共八个次型，E0 型是圆星系，E7 是最扁的椭圆星系。

关于椭圆星系的形成，有一种星系形成理论认为，椭圆星系是由两个漩涡扁平星系相互碰撞、混合、吞噬而成。天文观测表明，漩涡扁平星系盘内的恒星都比较年轻，而椭圆星系内的恒星都比较年老，即先形成漩涡扁平星系，两个漩涡扁平星系相遇、混合后再形成椭圆星系。还有人用计算机模拟的方法来验证这一设想，结果表明，在一定的条件下，两个扁平星系经过混合，的确能发展成一个椭圆星系。

加拿大天文学家考门迪在观测中发现，某些比一般椭圆星系质量大得多的巨椭圆星系的中心部分，其亮度分布异常，仿佛在中心部分另有一小核。他解释说这是由于一个质量特别小的椭圆星系被巨椭圆星系吞噬的结果。但是，星系在宇宙中分布的密度毕竟是非常低的，它们相互碰撞的机会极小，要从观测上发现两个星系恰好处在碰撞和吞噬阶段是非常困难的。所以，这种形成理论还有待人们去深入探索。

3. 漩涡星系

具有漩涡结构的河外星系称为漩涡星系，在哈勃的星系分类中用 S 代表。螺旋星系的螺旋形状，最早是在 1845 年观测猎犬座星系 M51 时发现的，螺旋星系的中心区域为透镜状，周围围绕着扁平的圆盘，从隆起的核球两端延伸出若干条螺旋状旋臂，叠加在星系盘上，螺旋星系可分为正常漩涡星系和棒旋星系两种。按哈勃分类，正常漩涡星系又分为 a、b、c 三种次型：Sa 型中心区大，稀疏地分布着紧卷旋臂；Sb 型中心区较小，旋臂较大并展开。Sc 型中心区为小亮核，旋臂大而松弛。除了旋臂上集聚高光度 O、B 型星、超巨星、电离氢区外，同时还有大量的尘埃和气体分布在星系盘上。从侧面看，在主平面上呈现为一条窄的尘埃带，有明显的消光现象。

漩涡星系通常有一个笼罩整体的、结构稀疏的晕，称为星系晕。其中主要是星族 II 天体，其典型代表是球状星团。一个中等质量的漩涡星系往往有 100 ~ 300 个球状星团。随机地散布在星系盘周围空间。再往外，可能还有更稀疏的气体球，称为星系晕。

漩涡星系的质量为 10 亿 ~ 1 万亿个太阳质量，对应的光度是绝对星等 -15 至 -21 等。直径范围是 5000 ~ 50000 秒差距。Sa 型星系的总光谱型为 K，Sb 型为 F ~ K，Sc 型为A ~ F。产生总光谱的主要天体既有高光度早型星，又有高光度晚型星。星族Ⅰ天体组成星系盘和旋臂，星族Ⅱ天体主要构成星系核、星系晕和星系冕。

4. 棒旋星系

棒旋星系是中心呈长棒形状的螺旋形星系，一般的螺旋形星系的中心是有圆核的，而棒旋形星系的中心呈棒形，棒的两边有旋形的臂向外伸展。